CITY|TRIP
ROTTERDAM

W0035169

INHALT

EXKURSE ZWISCHENDURCH

Günter Schenk

CITY|TRIP

ROTTERDAM

NICHT VERPASSEN!

2 RAILZ MINIWORLD [K4]
Hollands größte Indoor-Miniaturwelt: die Niederlande im Kleinen. Mehr als hundert Züge sausen durch eine beeindruckende Modellbaulandschaft (s. S. 61).

12 MUSEUM BOIJMANS VAN BEUNINGEN [L5]
Brueghel neben Picasso, Rembrandt neben Dalí: Alte und neue Meister drängen sich in Rotterdams populärster Kunstsammlung (s. S. 71).

16 HAFENMUSEUM [M5]
Dampfende Schiffe, ratternde Kräne, Kais voller Nostalgie – Rotterdams Hafenmuseum ist ein Stück lebender Geschichte (s. S. 76)!

22 EUROMAST [K7]
Mehr als ein Aussichtsturm! Oben liegt Ihnen die Stadt zu Füßen, runter gehts dann für besonders Wagemutige in Sekundenschnelle am Seil (s. S. 81).

24 ERASMUSBRÜCKE [N6]
Das moderne Wahrzeichen verbindet das alte mit dem neuen Rotterdam. Ein architektonisches Meisterstück, das sich Tag und Nacht sehen lassen kann (s. S. 83).

25 WILHELMINA-PIER [N7]
Alte Hafengebäude neben modernen Wolkenkratzern – das „Manhattan an der Maas" zeigt hier sein Gesicht (s. S. 84).

30 ZOO ROTTERDAM – TIERPARK BLIJDORP [I3]
Hollands größter Zoo ist die meistbesuchte Touristenattraktion. Im Ozeanium tummeln sich Haie direkt über den Köpfen der Besucher (s. S. 88).

31 DELFSHAVEN [I6]
Holland wie aus dem Bilderbuch! Rund um den Hafen des alten Stadtteils scheint die Zeit stehen geblieben zu sein (s. S. 89).

37 KINDERDIJK
Windmühlen als Weltkulturerbe: Vor den Toren Rotterdams erinnern sie an die mühsame Urbarmachung sumpfiger Landstriche (s. S. 101).

Leichte Orientierung mit dem cleveren Nummernsystem
Die Sehenswürdigkeiten der Stadt sind zum schnellen Auffinden mit **fortlaufenden Nummern** versehen. Diese verweisen auf die ausführliche Beschreibung **im Kapitel „Rotterdam entdecken"** und zeigen auch die genaue Lage **im Stadtplan**.

IMPRESSUM

Günter Schenk
CityTrip Rotterdam

erschienen im
REISE KNOW-HOW Verlag Peter Rump GmbH,
Osnabrücker Str. 79, 33649 Bielefeld

© Peter Rump
1. Auflage 2010

Alle Rechte vorbehalten.

ISBN 978-3-8317-1921-1
PRINTED IN GERMANY

Herausgeber und Gestaltungskonzept:
  Klaus Werner
Lektorat: travel@media oHG
Layout: Günter Pawlak (Umschlag),
  Anna Medvedev (Inhalt)
Fotos: Günter Schenk (Autor)
Karten: Ingenieurbüro B. Spachmüller,
  travel@media oHG
Druck und Bindung:
  Fuldaer Verlagsanstalt GmbH & Co. KG

Dieses Buch ist erhältlich in jeder Buch-
handlung Deutschlands, der Schweiz,
Österreichs, Belgiens und der Niederlande.
Bitte informieren Sie Ihren Buchhändler
über folgende Bezugsadressen:
  Deutschland: Prolit GmbH, Postfach 9,
  D-35461 Fernwald (Annerod)
  sowie alle Barsortimente
  Schweiz: AVA-buch 2000, Postfach,
  CH-8910 Affoltern
  Österreich: Mohr Morawa Buchvertrieb
  GmbH, Sulzengasse 2, A-1230 Wien
  Niederlande, Belgien: Willems
  Adventure, www.willemsadventure.nl

Wer im Buchhandel trotzdem kein Glück
hat, bekommt unsere Bücher auch über
unseren Büchershop im Internet:
www.reise-know-how.de

BENUTZUNGSHINWEISE

CITY-FALTPLAN

Die im Buch beschriebenen Örtlichkeiten
wie Sehenswürdigkeiten, Restaurants,
Hotels, Cafés usw. sind im Kartenmaterial
von Rotterdam eingetragen.

Ortsmarken mit fortlaufender Nummer,
aber ohne Angabe des Planquadrats liegen
außerhalb der im Buch abgebildeten Stadt-
pläne und Landkarten. Sie können aber
wie alle im Buch beschriebenen Örtlichkeiten leicht in unseren speziell aufbereiteten
Internet-Karten lokalisiert werden (siehe
hintere Umschlagklappe).

ORIENTIERUNGSSYSTEM

Zur schnelleren Orientierung tragen alle
Hauptsehenswürdigkeiten und Lokalitä-
ten die gleiche Nummer sowohl im Text als
auch im Kartenmaterial:

㉗ Die Hauptsehenswürdigkeiten werden
im Abschnitt „Rotterdam entdecken"
beschrieben und mit einer fortlaufenden
magentafarbenen Nummer gekennzeichnet, die auch im Kartenmaterial
eingetragen ist.

Stehen die Nummern im Fließtext,
verweisen sie auf die jeweilige Beschreibung der Sehenswürdigkeit im Kapitel
„Rotterdam entdecken".

160 Mit Symbol und fortlaufender
Nummer werden die sonstigen Lokali-
täten wie Cafés, Geschäfte, Hotels,
Infostellen usw. gekennzeichnet.

[P6] Die Angabe in eckigen Klammern
verweist auf das Planquadrat im City-
Faltplan, in diesem Beispiel auf das
Planquadrat P6.

BEWERTUNG DER
SEHENSWÜRDIGKEITEN

★★★ auf keinen Fall verpassen
★★   besonders sehenswert
★   wichtige Sehenswürdigkeit für
      speziell interessierte Besucher

DER AUTOR

Aufschwung und Wandel der zweit-größten niederländischen Stadt verfolgte der Journalist **Günter Schenk** mit großem beruflichen Interesse. Für diesen Rotterdam-Reiseführer, den ersten in deutscher Sprache überhaupt, reiste er 2009 und 2010 in die Stadt an der Maas. Jeder Besuch faszinierte ihn mehr. Kein Wunder, dass er Rotterdam inzwischen für Hollands lebendigste Metropole hält.

Der ehemalige Fernsehredakteur arbeitet als freier Reisejournalist für renommierte deutschsprachige Zeitungen und Magazine wie „GEO-Saison", „Frankfurter Rundschau", „Westdeutsche Allgemeine Zeitung", „Rhein-Main-Presse", „Badische Zeitung", „Münchner Merkur", „Badische Neuste Nachrichten" und verschiedene Zeitschriften. Im REISE KNOW-HOW Verlag erschienen in der gleichen Reihe seine CityTrip-Bände „Liverpool", „Antwerpen, Brügge, Gent" und „Brüssel", außerdem der PRAXIS-Band „Europas schönste Feste erleben", ein Führer zu den interessantesten Festen Europas.

SCHREIBEN SIE UNS

Dieser CityTrip-Band ist gespickt mit Adressen, Preisen, Tipps und Infos. Nur vor Ort kann überprüft werden, was noch stimmt, was sich verändert hat, ob Preise gestiegen oder gefallen sind, ob ein Hotel, ein Restaurant immer noch empfehlenswert ist oder nicht mehr usw. Unsere Autoren sind zwar stetig unterwegs und erstellen alle zwei Jahre eine komplette Aktualisierung, aber auf die Mithilfe von Reisenden können sie nicht verzichten.

Darum: Schreiben Sie uns, was sich geändert hat, was besser sein könnte, was gestrichen bzw. ergänzt werden soll. Wenn sich die Infos direkt auf das Buch beziehen, würde die Seitenangabe uns die Arbeit sehr erleichtern. Gut verwertbare Informationen belohnt der Verlag mit einem Sprechführer Ihrer Wahl aus der über 220 Bände umfassenden Reihe „Kauderwelsch".

Bitte schreiben Sie an:
REISE KNOW-HOW Verlag Peter Rump GmbH, Postfach 140666, D-33626 Bielefeld, oder per E-Mail an: info@reise-know-how.de

Danke!

Latest News
Unter **www.reise-know-how.de** werden regelmäßig aktuelle Ergänzungen und Änderungen der Autoren und Leser zum vorliegenden Buch bereitgestellt. Sie sind auf der Produktseite dieses CityTrip-Titels abrufbar.

AUF INS VERGNÜGEN

002rd Abb.: gs

ROTTERDAM AN EINEM WOCHENENDE

Rotterdam ist immer eine Reise wert – vor allem von Freitag bis Sonntag, wenn den großen Hotels die Geschäftsleute fehlen und die Zimmerpreise fallen. Die Metropole jugendlicher Lebenslust lockt mit Kunst und Kultur, mit vielen Geschäften auch, die sich um die älteste Shoppingmall Europas gruppieren und mit feinen Restaurants. Ein dichtes Netz öffentlicher Verkehrsmittel erlaubt es, die wichtigsten Sehenswürdigkeiten der Stadt an einem verlängerten Wochenende kennenzulernen – vor allem die Architektur einer Großstadt, die als „Manhattan an der Maas" in die Geschichte eingehen will.

Auch wer zum Badeurlaub an der Nordsee unterwegs ist, sollte der Stadt auf der Hin- oder Rückreise einen Besuch abstatten.

TAG 1

Vormittags

Am besten startet man seinen Besuch im Tierpark ③⓪, Rotterdams größter Besucherattraktion, Hollands renommiertestem und populärstem Zoo, der samstags früh noch nicht so überlaufen ist wie später am Wochenende. Zwei, drei Stunden reichen zum Bummel durch die Freigehege oder das Oceanium, wo man Haien und anderen Meeresbewohnern fast hautnah begegnet. Gegen Mittag geht es in die Innenstadt – zu Fuß am Zentralbahnhof ❶ vorbei und über Schouwburgplein ❹ und Lijnbaan ❺, **Europas ältester Fußgängerzone**, zur Börse. Einkaufsbummler sind dort und in den umliegenden Straßen und Einkaufspassagen bestens aufgehoben.

007rd Abb.: gs

ALLGEMEINE PLANUNGSHINWEISE

*Rotterdam ist ein **Ganzjahres- und Allwetterziel.** Bis auf einige Feiertage und in der Regel montags sind die wichtigsten Museen meistens geöffnet. In der Innenstadt locken auch sonntagmittags die Läden zum Einkauf.*

*Das Auto sollte man, sofern man mit dem Pkw anreist, am besten gleich in einer Garage verstauen. Man kann auf **Straßenbahn und Metro** vertrauen, die einen zuverlässig ans Ziel bringen – oder auf die schnellen Wassertaxen, die auch in Holland ein bisschen Venedig-Gefühl aufkommen lassen.*

*Mehr als 250 Euro Preisvorteil verspricht die **Rotterdam Welcome Card.** Sie garantiert ermäßigten Eintritt in zahlreiche Museen, Theater, den Zoo* **30** *oder zur Hafenrundfahrt, dazu Vergünstigungen beim Besuch von Klubs, Bars und Restaurants oder beim Einkaufen. Die Karte kostet 5 € und ist in vielen Hotels und den Informationsbüros (s. S. 113) der Stadt erhältlich. Ergänzt um ein Tagesticket für die öffentlichen Verkehrsmittel der Stadt kostet die Rotterdam Welcome Card 9 €, für Kinder bis 11 Jahre und Senioren über 65 Jahre 6 €. Das Zweitagesticket kostet 12, das Dreitagesticket 15 €. Preiswerter kommt man kaum durch die Stadt.*

*Nachtschwärmer sollten wissen, dass nachts die sogenannten **BOB-Nachtbusse** (s. S. 127) unterwegs sind. Werktags zwischen 1 und 4.30 Uhr, am Wochenende zwischen 1.10 und 6.30 Uhr.*

Cafés und Restaurants gibt es genug in der City, je nach Wetterlage zum Drinnen- oder Draußensitzen.

Nachmittags

Jetzt gilt es, sich zu entscheiden: An richtig heißen Sommertagen verheißt ein **kühles Bad in der Nordsee** Abwechslung. Die Eisenbahn bringt einen in einer guten halben Stunde nach Hoek van Holland **34**, Rotterdams Sommerfrische. Ansonsten empfiehlt es sich, weiter durch die Innenstadt zu bummeln. Am besten über den samstäglichen Wochenmarkt auf der Binnenrotte **10** und entlang der weltberühmten Kubushäuser **18** weiter zum Alten Hafen (Oude Haven) **19**, einer der schönsten Kulissen für eine gemütliche Kaffeepause.

Bei gutem Wetter kann man auch die Metro nach Delfshaven **31** nehmen, von der Börse vier Stationen weiter Richtung De Akkers ins **Rotterdam der alten Tage** fahren, wo ein Spaziergang entlang der alten Kais den Nachmittag krönt. Von Delfshaven **31** brachen anno 1620 die sogenannten Pilgerväter zu ihrer großen Reise in die Neue Welt auf. Ein „Pelgrim Pils" oder auch zwei in der städtischen Brauerei mit ihrer Freiluftterrasse könnten der Einstieg in den gemütlichen Ausstieg des Tages werden.

◀ *Abendstimmung an der Maas*

Abends

Abends hat man die Qual der Wahl. Gourmets lockt das Restaurant Amarone (s. S. 30) auf der Meent, eines der preiswertesten Sternerestaurants Europas und einen Besuch allemal wert, sofern sie einen Platz bekommen. Ansonsten ist man im **Schifffahrtsquartier** ㉑ (Scheepvaartskwartier) um den Veerhaven bestens aufgehoben, wo Restaurants wie Smaak (s. S. 31) oder Z&M (s. S. 32) gehobene Küche bieten. Preiswerter kommt man in der Witte de Withstraat ⓯ davon, wo sich vornehme Restaurants neben Imbissbuden ballen. Hier lebt die Stadt fast Tag und Nacht. Im Sommer sitzt man gemütlich auf den Straßenterrassen.

Und nur einen Katzensprung ist es zum Leuvehaven, dessen Kräne und alte Schiffe abends in bunte Lichter getaucht sind – ebenso wie

008rd Abb.: gs

die umliegenden Hochhäuser und die Erasmusbrücke ㉔, das moderne Wahrzeichen der Stadt. Wer sich noch immer fit fühlt: **Rotterdams Nachtleben** kommt erst um Mitternacht richtig auf Touren.

TAG 2

Vormittags

Heute ist Kultur und Müßiggang angesagt. Erste Anlaufstelle bei gutem Wetter ist Rotterdams höchster Aussichtsturm, der Euromast ㉒. Oben liegt einem die Stadt zu Füßen, ein **herrliches Panorama** mit Hollands schönsten Wolkenkratzern zu beiden Seiten der Maas. Zehn bis 15 Fußminuten sind es weiter in den Museumpark ⓫, wo mit dem Niederländischen Architektur-Institut ⓭, der Kunsthalle ⓮ und dem Museum Boijmans Van Beuningen ⓬ die drei wichtigsten Kulturtempel der Stadt stehen. Und wer will, kann dort auch sein zweites Frühstück in einem der Museumscafés genießen.

Nachmittags

Frisch gestärkt geht es zu Fuß über die Erasmusbrücke ㉔ ins architektonische Wunderland auf dem Wilhelmina-Pier ㉕, wo **die höchsten und schönsten Wolkenkratzer der Stadt** stehen. Im Café-Restaurant des Hotels New York am Ende des Piers kann man bei einem *High Tea* träumen – so wie Zehntausende zuvor, die einst von hier mit dem Schiff in die Neue Welt fuhren. Mit dem Wassertaxi ist man ruck, zuck wieder im Veerhaven auf der anderen Uferseite. Im schicken Schifffahrtsquartier ㉑ (Scheepvaartskwartier), wo das renovierte Weltmuseum (Wereldmuseum) (Extratipp s. S. 81) mit exotischer Volkskunst lockt.

DAS GIBT ES NUR IN ROTTERDAM

> *Abseiling:* Abenteuerlustige können sich jedes Wochenende vom Euromast ②②, Rotterdams höchstem Aussichtsturm, mehr als 100 Meter in die Tiefe stürzen. „Abseiling" nennt sich der Freizeitspaß, der den Puls garantiert in die Höhe treibt.

> *Wochenmarkt in der Innenstadt:* Frisches aus der Nordsee, Gemüse aus dem Hinterland, Käse vom Bauern – dazu billige Klamotten und Krimskrams: Rotterdams zentraler Wochenmarkt (s. S. 23) lädt zum Stöbern und Bummeln, zum Schauen und Kaufen.

> *Kubushäuser* ⑱: Die scheinbar auf einer einzigen Spitze stehenden Würfelbauten faszinieren bis heute. Seit Neuestem können auch Touristen in den ungewöhnlichen Wohnungen unterkommen – im neuen Hostel Stayokay (s. S. 125).

> *Sommerkarneval:* Karibische Rhythmen, prachtvolle Kostüme, beste Stimmung: Beim „Zomercarnaval" ist Rotterdam außer Rand und Band. Bei gutem Wetter bringt die größte Party der Niederlande am letzten Juliwochenende fast eine Million Menschen auf die Beine.

> *Der obszöne Santa Claus:* Ein Nikolaus mit einem riesigen Dildo? Ein Kunstwerk, das eine ganze Nation bewegte. Lange Zeit versteckte man es im Museumsgarten, jetzt steht es am Eingang zu Rotterdams Einkaufsviertel – und erregt noch immer die Gemüter (s. S. 64).

Bei gutem Wetter sollte man am Schiffssteig unterhalb der Erasmusbrücke ②④ das letzte Boot zur **Hafenrundfahrt** nehmen – im Sommer um 17 Uhr. 75 Minuten Stadtrundfahrt entlang alter und neuer Hafenanlagen, vorbei am Szenestadtteil Lloydkwartier mit seinen gestylten Hochhausbauten und am Kriegsschiff „De Delft" (s. S. 83 Extratipp), das fleißige Helfer am Maasufer zurzeit rekonstruieren. Spielt der Wettergott mit, taucht die Abendsonne Rotterdams Skyline am Ende der Tour ins schönste Fotolicht. Beeindruckender kann der Abschied vom „Manhattan an der Maas" nicht sein!

◀ *Rotterdams Aussichtsturm, der Euromast* ②②

Abends

Warum nicht einmal ins Theater? Da empfiehlt sich ein Blick in Rotterdams Veranstaltungskalender. Das neue Luxor Theater (s. S. 39) lockt mit Musical-Inszenierungen und anderen Veranstaltungen. Ballett und klassische Musik sind in einem der Theatersäle um den Schouwburgplein ④ zu Hause – oder sollte es eher Rock oder Pop sein? Auch da ist die Auswahl groß, finden sich mit Watt (s. S. 62 Extratipp), Rotown (s. S. 38), Off Corso (s. S. 38) oder dem Jazzcafé Dizzy (s. S. 38) doch gleich mehrere **Vergnügungstempel in der Innenstadt**, die meist auch ein Essen anbieten. Sommerliche Alternative ist ein gemütlicher Abend an einem der bewirtschafteten Hafenkais, von denen Rotterdam mehr als genug hat. Da kommt Mittelmeerfeeling auf.

009'd Abb.: gs

ZUR RICHTIGEN ZEIT AM RICHTIGEN ORT

Rotterdam ist eine junge Stadt. Das spiegelt auch der jährliche Veranstaltungskalender. Vor allem im Sommer jagt ein Festival das andere, ein Event das nächste. „Festival City Nr. 1" nennt sich Rotterdam deshalb selbstbewusst in seinen Werbebroschüren. Ein Anspruch, der nicht übertrieben ist. Viele Veranstaltungen sind Ausdruck einer wachsenden Lebenslust, andere tragen dem Wunsch nach sportlichem Erleben Rechnung – so wie der große Marathon quer durch die Stadt, einer der schnellsten der Welt.

Publikumsmagnet aber ist der **Sommerkarneval:** Jährlich am letzten Juliwochenende tanzen die Massen zu karibischen Rhythmen durch die Innenstadt (s. S. 14 Exkurs). Große Popularität genießt auch das inzwischen fast schon legendäre North Sea Jazz Festival (s. S. 13), das nach seinem Umzug von Den Haag in Rotterdam eine neue Heimat gefunden hat und als eine der wichtigsten Jazz-Veranstaltungen der Welt gilt. Und viele Zehntausend junger Leute bringt die Fit For Free Dance Parade (s. S. 15) auf die Beine, eine der größten Musikparaden Europas, bei der House und Techno Trumpf sind.

WINTER

> **Internationale Architektur Biennale.** Alle zwei Jahre – das nächste Mal 2011 – gibt das Niederländische Architektur-Institut ⑬ einen Einblick in Entwicklungen und Trends internationalen Städtebaus (Jahresende, www.iabr.nl).

> **Rabobank Six Days.** Sport und Tradition: Seit Langem startet Rotterdam mit einem Sechstagerennen ins neue Jahr, geben

sich die besten Radsprinter der Welt ein Stelldichein (Anfang Januar, www.zesdaagserotterdam.nl).

> **Internationales Filmfestival Rotterdam.** Fast zwei Wochen lang wird die Stadt zum Treff der Kinoenthusiasten. Das Festival ist nichtkommerziellen, unabhängigen, innovativen und experimentellen Filmen gewidmet (Ende Januar/Anfang Februar, www.filmfestivalrotterdam.com).

> **ABN Amro Welt-Tennisturnier.** Auf bald vierzig Jahre Tradition blickt eins der renommiertesten Tennis-Events in den Niederlanden zurück. Für Kinder gibt es einen eigenen Thementag (Mitte Februar, www.abnamrowtt.nl).

FRÜHLING

> **Redsound Rotterdam.** Alle zwei Jahre – das nächste Mal 2011 – werden die Kunsthallen und Konzertsäle zum Mekka zeitgenössischer Klänge, dann gibt die Musikavantgarde für drei Tage den Ton an (Mitte März, www.redsoundrotterdam.nl).

> **Fortis Marathon Rotterdam.** Flach und deshalb schnell ist Hollands bekanntes- te Marathonstrecke. Der prestigeträch- tige Langstreckenlauf startet und endet auf dem Coolsingel (Anfang April, www.fortismarathonrotterdam.nl).

> **Ortel Dunya Festival.** Musik, Tanz und Lyrik präsentiert das Festival am letzten Maisonntag im Park zu Füßen des Euro- mast ㉒. Dies ist eine der größten Frei- luftveranstaltungen Hollands (Ende Mai, www.dunya.nl).

> **Poetry International Festival.** Eine ganze Woche diskutieren und lesen bekannte und weniger bekannte Poeten aus ihren Werken. Literarischer Treffpunkt ist ge- wöhnlich die Schouwburg (s. S. 39), Rotterdams Stadttheater (Mitte Juni, www.poetry.nl).

> **C.H.I.O.** Einmal jährlich treffen sich die weltbesten Reiter im Kralinge Bos. Auf dem Programm der größten

niederländischen Pferdesport-Veranstal- tung stehen Dressur- und Springreiten (Mitte Juni, www.chio.nl).

SOMMER

> **Metropolis Festival.** Popstars von mor- gen und Rockröhren der Zukunft präsen- tieren sich auf dem Open-Air-Festival im Zuiderpark. Der Eintritt ist frei, was jähr- lich mehr Menschen auf die Beine bringt (Anfang Juli, www.metropolisfestival.nl).

> **North Sea Jazz Festival.** Jazzkenner aus aller Welt pilgern seit Jahren in Scharen nach Holland, ist das Festival doch im- mer für eine Überraschung gut. Die musi- kalische Bandbreite reicht von Swing bis Free Jazz, von Dixieland bis Fusion (Mitte Juli, www.northseajazz.com).

> **Ortel Sommerkarneval** (s. S. 14).Eine Stadt außer Rand und Band! Bis zu einer

◀ *Rotterdams Sommerkarneval, Hollands größte Party*

SOMMERKARNEVAL ROTTERDAM – HOLLANDS GRÖSSTE PARTY

Grün, Rot, Weiß, Blau und Gelb sind die Ballons, die sich der Mann aus dem südamerikanischen Suriname um die Hüften gebunden hat. Meterhoch ist der Federhut, den die junge Dame von den Kapverdischen Inseln trägt. Riesig auch sind die Schleppen und Federboas an den Kostümen der Damen und Herren von den Antillen. Und in bunten Clownskostümen steckt die Gruppe aus Delfshaven **31**. *Einmal im Jahr ist Karneval in Rotterdam, steigt im Schatten des Rathauses die größte Party der Niederlande, wird der Coolsingel* **6** *zum Treffpunkt der Massen. Bei Spiel und Tanz stellen Junge, Alte, Schwarze und Weiße, Sportler, Menschen mit und ohne Behinderungen, Reiche und Arme, Analphabeten und Akademiker dann eindrucksvoll unter Beweis, wie ausgelassen und friedvoll die* **große Völkergemeinschaft** *der Stadt zu feiern versteht – mitten im Sommer, wenn die Musiker und Discjockeys mit immer schnelleren Beats den Tänzerinnen und Tänzern den Schweiß auf die Stirn treiben.*

Anführer der närrischen Gesellschaft ist eine Königin, in der Regel eine **dunkelhäutige Schönheit,** *die Rotterdams Sommerkarneval zu repräsentieren weiß. Sie wird vom Publikum und einer Jury gewählt, denen sie vorher öffentlich beweisen muss, dass sie nicht nur gut tanzen, sondern den „Zomercarnaval" auch eloquent verteidigen kann. Nicht zuletzt aber hat sie eine eigene Show auf die Bühne zu bringen, ein Spektakel, wie es eben nur einer Königin würdig ist.*

Mit der **„Battle of Drums"** *startet die große närrische Party freitagabends auf der Coolsingel. Mehr als 100 Trommler und Percussionisten bewerben sich jährlich um den Titel der besten Karnevalsband, trommeln sich stundenlang fast die Seele aus dem Leib. Wenn es sein muss, bis zum Morgengrauen. Samstagmittags schließlich startet der große Maskenzug, drängen sich Zehntausende bunt kostümierter Menschen zu Fuß oder auf bunten Wagen durch die Stadt. Eine Parade der Lebenslust ist das, eine Mischung aus Selbstdarstellung und bewundert werden. Aus unzähligen Ichs wird ein großes, buntes Wir, das Tanz und Musik zusammenschweißt. Auch abends noch, wenn auf zwei großen Bühnen die besten Bands Südamerikas noch einmal richtig einheizen.*

Schon in den 1960er-Jahren waren junge Leute von den Niederländischen Antillen an den Karnevalstagen trommelnd über den Coolsingel gezogen, machten Rotterdams Einwanderer auf ihre kulturellen Traditionen aufmerksam. 1983 beschloss eine andere Gruppe von Einwanderern, der traditionellen Volksfastnacht im benachbarten Utrecht neues Leben einzublasen und mit einer Rotterdamer Karnevalskönigin die dortige Fastnacht aufzumischen. Damit aber war auch der Grundstein für den Sommerkarneval im „Manhattan an der Maas" gelegt.

1984 feierte man das erste große Fest in Rotterdam, schlüpften Hunderte von Einwanderern von den Niederländischen Antillen und den Kap-

*...verdischen Inseln in bunte Kostüme. Einen Tag lang wollte man die Sorgen vergessen, den Alltagsstress hinter sich lassen. Schnell erkannten die Stadtväter die gesellschaftlich integrative Kraft des neuen Sommerfests, das man so weit wie möglich unterstützte. Bis Ende der 1980er-Jahre wurde der Zomercarnaval so zum wichtigsten Fest der Völkergemeinschaft, an dem Menschen aus Brasilien, Marokko, der Türkei, Suriname oder den Kapverdischen Inseln ebenso teilnahmen wie die **Initiatoren von den Niederländischen Antillen.***

*Aus dem eintägigen Umzug von einst ist inzwischen eine **mehrtägige Party** geworden. Bühne aber ist heute wie damals der Coolsingel. Inzwischen hält eine Eventorganisation die Fäden des Festes zusammen. Eine Firma, die auch Popkonzerte in Den Haag und andere Großveranstaltungen Rotterdams organisiert. Und als Namenssponsor beim Ortel Zomercarnaval fungiert eine Mobilfunkgesellschaft, die sich ihr Firmenmotto „connecting the world" auch auf die närrischen Fahnen geschrieben hat.*

Informationen: Der Sommerkarneval Rotterdams findet immer am letzten Wochenende im Juli statt. Freitags ist die Battle of Drums, samstagmittags die große bunte Kostümparade.
> *www.zomercarnaval.nl*

Million Menschen tanzen ausgelassen durch die Innenstadt (Ende Juli, www.zomercarnaval.nl).

> **Fit for Free Dance Parade.** 40 Lastwagen, bestückt mit den besten DJs und Tänzerinnen, kreuzen durch die Straßen der City – mit Musik von Techno bis House (www.fitforfreedanceparade.nl).

> **Bavaria City Racing.** Einen Sonntag lang röhren die PS-Boliden in der Stadt. Die Veranstaltung ist Treffpunkt vieler Tausend Motorsportfreunde, Gedanken- und Erfahrungsaustausch (Mitte August, www.bavariacityracing.nl).

> **Gergiev Festival.** Die nach ihrem künstlerischen Direktor Gergiev benannte Veranstaltung lockt für eine gute Woche in Oper und Konzerthallen, Kinos und Theater – für Kinder gibt es eigene Kulturprogramme (Anfang September, www.gergievfestival.nl).

> **Die Welt von Witte de With.** Die wichtigsten Museen und Galerien entlang Rotterdams Kulturmeilen laden für ein Wochenende in den Museumpark **11** und die angrenzende Witte de Withstraat **15** (Mitte September, www.festivalwww.nl).

ROTTERDAM FÜR CITYBUMMLER

Wolkenkratzer neben Gourmetrestaurants, Shoppingmalls neben Musentempeln: Rotterdam ist immer eine Reise wert. Wer sieht, wie sich die Stadt in den letzten Jahren entwickelt hat, wie aus verwahrlosten Stadtvierteln neue urbane Zentren geworden sind, kommt aus dem Staunen nicht heraus. Die von Fabrikhallen und Kais geprägten alten Hafenquartiere sind die neuen In-Treffs. Kaum eine Stadt Europas fühlt sich so jung an, strotzt so vor Selbstvertrauen. Als „Manhattan an der Maas" hat man dem alten Rivalen Amsterdam, dem „Venedig des Nordens", den Kampf angesagt, will man dem Nachbarn in diesem Jahrtausend den Rang ablaufen. Noch ist Rotterdam nicht die Nummer eins in den Niederlanden, sind in Amsterdam mehr Menschen zu Hause. Und noch liegt der Nachbar auch touristisch besser im Rennen. Das aber kann sich bald ändern. Denn aus dem im Zweiten Weltkrieg stark zerstörten Rotterdam ist eine Metropole der Zukunft geworden: ein städtebauliches Juwel, wie man es sonst in Europa kaum findet.

Weltberühmte Architekten wie Norman Foster, Renzo Piano oder Rem Kohlhaas haben dem neuen Rotterdam ihren Stempel aufgedrückt. Gigantische Hochhäuser und Bürobauten, gefällige Konzertarenen und neu gestylte alte Lagerhallen entlang der ehemaligen Hafenkais lassen vergessen, dass Rotterdam noch vor wenigen Jahrzehnten eine Industriestadt war, um die Touristen gewöhnlich einen großen Bogen machten. Weitsichtige Politiker und engagierte Investoren aber bescherten der Stadt, deren Kriminalitätsrate lange Zeit ebenso Schlagzeilen machte wie die Luftverschmutzung, ein neues Image. So mischt sich in Rotterdam inzwischen **mediterrane Leichtigkeit** mit weltstädtischer Geschäftigkeit, Lebenslust mit Big Business.

Die Stadt ist übersichtlich: Keine Stunde braucht es, um die City von Ost nach West oder von Nord nach Süd zu Fuß zu durchqueren. Rathaus, Börse und die dem heiligen Laurentius geweihte größte Kirche der Stadt sind ihr historischer Kern, um den sich auch die meisten Geschäfte und Läden scharen. Vom Hauptbahnhof ❶ und dem östlich benachbarten Hofplein führen zwei breite, auch für Fußgänger und Radfahrer gut geeignete, Verkehrsachsen Richtung Süden. Zum Ufer der Nieuwe Maas, der neuen Maas also, das genau betrachtet ein großer Rheinarm ist.

Westersingel ❸ heißt die westliche Achse, eine mit viel Grün ausgestattete Kunstmeile, Coolsingel ❻ die andere, Rotterdams geschäftigste Prachtallee, an der sich auch Rathaus und Börse finden. Dazu kommen breite Ost-West-Verbindungen, deren Flügel auf der einen Seite das Museumsviertel, auf der anderen Seite die Alte Hafen ❿ bilden. Am Kai finden sich Restaurants und Cafés sowie bewirtschaftete Freilufterrassen, die vor allem im Sommer viel Zulauf finden. Gleich dahinter finden sich die weltberühmten Kubushäuser ⓲ und Rotterdams Zentralbibliothek, Hollands größte öffentliche Bücherei und wie die Kubushäuser ein architektonisches Meisterstück. Lebendig wie eh und je zeigt sich noch immer auch die Lijnbaan ❺, **Europas erste Fußgängerzone.**

Und nur einen Katzensprung ist es von hier weiter ins Museumsviertel, in dem sich mit Kunsthalle ⓮, dem Niederländischen Architektur-Institut ⓭ und dem Museum Boijmans Van Beuningen ⓬ die ersten Kunstadressen der Stadt finden. Kulturelle Gegenwart verströmt die Witte de Withstraat ⓯. Es ist die touristisch vielleicht interessanteste Schlagader der Stadt. Galerien und zeitgenössische Museen ballen sich hier, Cafés und Restaurants, Imbissbuden und Coffeeshops, kleine Boutiquen und modische Trendläden. Wo Ende letzten Jahrhunderts noch Prostitution und Rauschgifthandel an der Tagesordnung waren, findet sich jetzt ein **Paradies des Lifestyles.**

Keine zehn Minuten Fußweg sind es von der Witte de Withstraat ⓯ zur

Erasmusbrücke **24**, Rotterdams neuem Wahrzeichen, einem Bauwerk voller Eleganz. Der moderne Maasübergang verbindet das alte mit dem neuen Rotterdam, dem Kop van Zuid **26**, den ehemaligen Industrie- und Hafenanlagen auf der linken Seite der Maas im Süden der Stadt. Hier zeigt sich das Rotterdam der Moderne, die Stadt der Wolkenkratzer, denen sie ihren werbewirksamen Titel **„Manhattan an der Maas"** verdankt. „Maasturm" heißt der höchste von ihnen, ein 165 Meter hoher Büroturm, der gerade erst fertig geworden ist und zurzeit als höchstes Gebäude der Niederlande gilt. Nur ein paar

▲ *Wie ein Zwerg zwischen modernen Wolkenkratzern: das Hotel New York (s. S. 124) auf dem Wilhelmina-Pier* **25**

Fußminuten weiter flankieren auf dem Wilhelmina-Pier **25** zwei andere, architektonisch ebenfalls sehr interessante, Wolkenkratzer das Hotel New York, das zwischen den Hochhausriesen wie ein Zwerg wirkt. Von hier schipperten einst die Atlantikfahrer Richtung Amerika.

Rotterdams Hafen, noch immer der größte Europas und einer der wichtigsten der Welt, hat sich inzwischen fast ganz Richtung Nordsee zurückgezogen und im Stadtkern Kais und Ankerplätze zurückgelassen, die heute Sportsegler und Freizeitkapitäne nutzen. Menschen mit Hausbooten auch, die auf dem Wasser statt an Land wohnen. Und mancher Hafen wie der Leuvehaven dient heute als lebendiges Museum, als **Kulisse für historische Schiffe und Spezialboote**, alte Kräne und Maschinen, die immer noch funktionieren.

Dem alten Rotterdam kommt man im Schifffahrtsquartier **㉑** (Scheepvaartskwartier) am nächsten, das im Zweiten Weltkrieg von großen Angriffen verschont blieb. Im Viertel um den Veerhaven laden die Prachtbauten der ehemaligen Hafenbarone zum Citybummel. Nur ein paar Gehminuten sind es von hier durch meist grüne Parkanlagen oder am Ufer der Maas entlang zum Euromast **㉒** – einem Aussichtsturm, von dem sich der schönste Blick auf die Stadt bietet. Wer das Rotterdam der Kreativen sucht, ist im benachbarten **Lloyd-Quartier** (Lloydkwartier) **㉓** richtig, wo man Wohnen, Arbeit und Freizeit unter einen Hut gebracht hat. Hier sind viele Medienschaffende zu Hause, trendige Restaurants wie Ivy (s. S. 30) und hippe Hotels wie das Stroom (s. S. 124).

Im westlich anschließenden **Delfshaven** **㉛** dagegen scheint die Zeit stehen geblieben zu sein. Lange Zeit war das Städtchen eigenständig, dessen Hafen heute Kulisse für Nostalgiker ist. In den alten Lagerhäusern haben Antiquitätenläden und kleine Shops Einzug gehalten, in denen mit Kunst und Trödel gehandelt wird. Wichtigster Besuchermagnet in Delfshaven ist die Kirche, von der die berühmten Pilgerväter (s. S. 90 Exkurs) einst nach Amerika auswanderten, und eine alte Windmühle, die noch in Betrieb ist. Noch mehr Windmühlen finden sich in Schiedam **㉜**, das längst mit der Stadt zusammengewachsen ist. Wieder ein ganz anderes Bild bietet **Hoek van Holland** **㉞**. Über 30 Kilometer ist das Städtchen von der City entfernt, das aber ebenfalls zu Rotterdam gehört. Im Sommer platzt es aus den Nähten, im Winter gehört sein kilometerlanger, breiter Sandstrand den Einheimischen, die hier ihre Hunde ausführen. Per Bahn ist Hoek van Holland bestens angebunden, sodass man als Citybummler in Rotterdam eigentlich kein eigenes Auto braucht. Metro, Busse und Straßenbahnen fahren zu allen Sehenswürdigkeiten – und Wassertaxen, die nach dem Vorbild Venedigs inzwischen immer häufiger in der City verkehren.

Noch ist Rotterdam kein Touristenziel wie London, Paris, Rom oder Wien, wie Madrid oder München auch, die seit Jahrhunderten als Fremdenverkehrsmagneten fungieren. Doch inzwischen hat sich vor allem unter jungen City-Reisenden herumgesprochen, welche Lebenslust die Stadt befördert. In den einschlägigen Internetforen, in denen Rucksackreisende und Weltenbummler ihre Erfahrungen austauschen, tobt ein erbitterter Meinungskrieg, welche Stadt in den Niederlanden attraktiver sei: Amsterdam oder Rotterdam? Vor allem das **Preis-Leistungs-Verhältnis** spricht für das „Manhattan an der Maas", gegen das „Venedig des Nordens". So sind die Unterkünfte in Rotterdam in der Regel preiswerter, die Möglichkeiten, abends auszugehen, keinesfalls kleiner als in der Nachbarstadt. Und auch in Sachen Küche, Kunst und Kultur, Shopping und Show braucht man sich vor Amsterdam an der Maas nicht zu verstecken.

▶ *Beliebtes Einkaufsziel: der Wochenmarkt auf der Binnenrotte (s. S. 23) im Schatten der modernen Zentralbibliothek* **❿**

ROTTERDAM FÜR KAUFLUSTIGE

Es ist kein Zufall, dass mit der Lijnbaan ❺ *im Herzen Rotterdams Europas erste Shoppingmall eröffnet wurde. Inzwischen haben sich um die unter Denkmalschutz stehende Fußgängerzone viele Hundert neue Geschäfte und Kaufhäuser angesiedelt, ballen sich in Rotterdams Innenstadt die Läden so dicht wie sonst nur in den ganz großen Metropolen der Welt. Und zwischen all den namhaften Ladenketten und Markenartiklern finden sich immer wieder kleine Boutiquen und Trendshops, die mit Ungewohntem und Nichtalltäglichem überraschen.*

Jeden Tag lädt Rotterdam inzwischen zum Shoppen, freitagabends gar bis 21 Uhr. Selbst sonntags öffnen die Kaufhäuser und Boutiquen in der Innenstadt ihre Türen, kommt so für ein paar nachmittägliche Stunden Leben in die City. Wer ganz kompakt shoppen will, ist in den großen Einkaufszentren Zuidplein (s. S. 21) oder Alexandrium (s. S. 20) bestens aufgehoben, die beide mehr als hundert Geschäfte unter einem Dach vereinen – Läden für jeden Geschmack und Geldbeutel.

De Koopgoot heißt im Volksmund die Beurstraverse, Rotterdams attraktivste Fußgängerzone: eine **unterirdische Ladenstadt** unter dem Börsenplatz mit direktem Metroanschluss. Fast alle großen Textilketten – von C&A bis Peek & Cloppenburg – sind rundum vertreten. Und mit *De Bijenkorf* (s. S. 20) findet sich gegenüber der Börse eins der Flaggschiffe der großen niederländischen Kaufhauskette. Im Bijenkorf lief einst **Rotterdams erste Rolltreppe** – und auch heute lassen sich die Kunden hier gern verwöhnen.

Interessante Modeadressen sind die Van Oldenbarneveltstraat oder die Karel Doormanstraat, in denen sich elegante Boutiquen und kleine Läden drängen. Ein Muss für alle Einkaufsbummler auch ist ein Gang über die Witte de Withstraat, in der man auf Edelboutiquen wie das Flaggschiff der Lingerie-Designerin Marlies Dekkers trifft. Hier schlagen die Herzen aller höher, die sich für das interessieren, was Mann und Frau sonst noch so tragen. **Trendige Läden** gibt es auch in der angrenzenden Hartmansstraat, vor allem aber entlang der Meent, wo sich immer neue Modeshops ansiedeln. Shirts and Cappuccino heißt einer, dessen Name die Richtung weist: Shoppen und

011 rd Abb.: gs

Genießen ist hier Trumpf. Oude und Nieuwe Binnenweg sind die Heimat von Marken wie Cora Kempermann (s. S. 21). Und auch Musikfreunde kommen gern hier in die Musikläden, um nach alten Instrumenten, Platten oder CDs zu stöbern.

Wer es geruhsamer mag, dem sei der Weg nach Delfshaven **31** empfohlen. Hier sind kleine Trödler und Kunsthändler zu Hause, zeigt sich Rotterdam ganz nostalgisch. Porzellan und Silber kann man in Delfshaven kaufen, alte Tassen und Vasen – Bric-a-Brac vom Feinsten, wie der Trödel heute so schön neudeutsch heißt.

Einkaufen macht in Rotterdam übrigens auch an verregneten Tagen Spaß, ist es doch **ohne Schirm vom einen zum anderen Laden** nur einen Katzensprung – und die neuen Shoppingzonen sind ohnehin überdacht. Die Preise in den Niederlanden sind mit denen in Deutschland und Österreich vergleichbar, richtige Schnäppchen macht man nur zu den Schlussverkaufszeiten wie in den ersten Januartagen. Auf alle Fälle sollte man auch in Rotterdam die Preise sorgsam

vergleichen und nur kaufen, was unbedingt gefällt – individuelle Kleidung zum Beispiel, wie sie inzwischen in immer mehr Läden angeboten wird. Hier spürt man, dass Rotterdam eine junge Stadt ist, dass hier mehr Teens und Twens leben als in anderen Metropolen Hollands. Es sind die Jugendlichen, die dafür sorgen, dass trendige Läden eröffnen, aber auch wieder schließen, wenn sie nicht mit der Mode gehen.

❯ Rotterdams Touristikspezialisten haben für alle Interessenten verschiedene **Einkaufsrouten** durch die Stadt zusammengestellt, die alle unterschiedliche Längen und Schwerpunkte haben – von schick bis exotisch, stilvoll bis authentisch, hip oder historisch. Alle Shoppingtouren starten am Beursplein und können im Internet unter www.rotterdam.info heruntergeladen werden.

EINKAUFSZENTREN

🛍**1 Alexandrium,** Korte Poolsterstraat 2, www.alexandrium.nl, Tel. 010 4205066, Mo. 11–18, Di.–Do./Sa. 9–18, Fr. 9–21, So. 12–17 Uhr. Shoppingcenter mit 136 Läden im Stadtteil Prins Alexander. Eisenbahn-, Metro- und Busstation in der Nähe. Schuhe, Geschenke, Textilien, Mode, Lebensmittel, Wohnaccessoires ...

🛍**2 [M4] De Bijenkorf,** Coolsingel 105, Tel. 010 2823700, www.debijenkorf.nl, Mo. 11–18.30, Di.–Do. 10–18.30, Fr. 10–21, Sa. 9.30–18, So. 12–18 Uhr. Rotterdamer Flaggschiff der niederländischen Kaufhauskette. Im Angebot sind Markenartikel von Hilfiger, Replay,

ÖFFNUNGSZEITEN

Die Niederlande kennen keine festen Öffnungszeiten. In der Regel haben die Geschäfte in Rotterdams Innenstadt zwischen 10 und 17.30 Uhr geöffnet, freitags meist bis 21 Uhr. Sonntags sind die Geschäfte zwischen 12 und 17 Uhr ebenfalls geöffnet. Montags sind viele, vor allem die kleineren Läden geschlossen, nicht jedoch die Kaufhäuser. Wer Wert auf eine ausführliche Beratung legt, sollte freitagabends und die Wochenenden zum Einkaufen meiden.

▶ *Einkaufen fast rund um die Uhr: In der Innenstadt sind die Läden auch sonntags offen*

G-Star, Diesel, McGregor, Björn Borg, Ralph Lauren, Calvin Klein, Jil Sander, Gucci, Lancaster …

🛍3 [O10] **Winkelcentrum Zuidplein,** Zuidplein Hoog 420, Tel. 010 4810344, www.zuidplein.nl, Mo. 13–17.30, Di.–Do. 9.30–17.30, Fr. 9.30–21, Sa. 9.30–17, So. 12–17 Uhr. Einkaufszentrum mit mehr als 150 Geschäften. Metro- und Bushaltestelle vor der Tür, große Parkgarage. Angebote für jeden Geschmack und Geldbeutel.

AUSGEFALLENE EINKAUFSIDEEN

🛍4 [L4] **Anton Vlasmann,** Mauritsweg 30, www.antonvlasman.nl, Tel. 010 4135979, , Di.–Fr. 10–18, Sa. 9–17 Uhr. Elegante Mode für den Herrn – vom lila Einstecktuch bis zum goldenen Manschettenknopf, handgeschneiderte Hemden und Maßanzüge. Man(n) gönnt sich ja sonst nichts.

🛍5 [M5] **Cora Kempermann,** Oude Binnenweg 42, www.corakempermann.nl, Tel. 010 2800103, Mo. 12–18, Di.–Do. 10–18, Fr. 10–21, Sa. 10–17.30, So. 12–17 Uhr. Rotterdamer Filiale der großen Modedesignerin. Ihre jährlich neu konzipierten Kollektionen finden immer mehr Liebhaber.

🛍6 [M6] **Jeroen van der Graaf,** Scheepstimmermanslaan 17, Tel. 010 5061609, Mo.–Fr. 9–17, Sa. 9–16.30 Uhr. *Taartarchitekt,* also Kuchenarchitekt, nennt sich der Chef selbstbewusst, der Süßigkeiten wie ein Kunstwerk arrangiert. Wer ein ausgefallenes Souvenir sucht, sollte einfach vorbeischauen.

🛍7 [M5] **Haring Design,** Schilderstraat 34a, www.haringdesign.nl, Tel. 010 4131461, Mi.–Sa. 10–18, So. 12–17 Uhr. Trendige Möbel, vom Designerstuhl bis zum Barhocker – dazu viele Hundert Accessoires. Da macht Stöbern Spaß.

🛍8 [M5] **Klein Beginnen,** Hartmansstraat 24–28, www.kleinbeginnen.nl, Tel. 010 4123460, So./Mo. 13–17.30, Di.–Fr. 10–17.30, Sa. 10–17 Uhr . Alles fürs Baby – vom modernen Kinderwagen bis zum nostalgischen Laufställchen. Großeltern werden für ihre Enkel sicher fündig.

🛍9 [N4] **Liberty,** Meent 66–68, Tel. 010 4110676, www.libertykunst.nl, Di.–Fr.

9.30–17.30, Sa. 9.30–17 Uhr. Fast 100 Jahre alte Kunsthandlung, die Gemälde ebenso im Angebot hat wie Siebdrucke, Fotos, Skulpturen oder Litografien. Kunst aus dem 20. und 21. Jahrhundert zu marktgerechten Preisen.

10 [M5] **Nieuwe Ontwerpers,** William Boothlaan 13a, Tel. 010 2124150, www.nieuweontwerpers.nl, Di.–Sa. 12–17 Uhr. Verkaufsraum für junge Designer und Modemacher, fast ausschließlich Unikate. Mehr Kunst als Mode manchmal, aber Reinschauen kostet ja nichts.

11 [L4] **Noppies,** Mauritsweg 37, Tel. 010 2809197, www.noppies.com, Mo.–Fr. 9–17 Uhr. Umstandsmoden: schicke Kleidung für die Wochen davor. Der Laden gehört zu einer größeren Kette, die auch einen Ableger in der Münchner Hohenzollernstraße hat.

12 [I6] **Manet,** Voorhaven 5b, Tel. 010 4773475, www.manetdelfshaven.nl, Di./Do.–Sa. 10–17 Uhr. Wohndekorationen, Modeaccessoires und Geschenkartikel im Stadtteil Delfshaven. Kitschiges neben Trendigem wie Laptoptaschen aus Neopren.

13 [M5] **Margreeth Olsthoorn,** Witte de Withstraat 5a, Tel. 010 2827539, www.margreetholsthoorn.nl, So./Mo. 13–17, Di.–Do./ Sa. 10–18, Fr. 10–21 Uhr. Für Liebhaber exklusiver und ganz teurer Mode. Da kostet ein T-Shirt leicht ein paar Hundert Euro, Reinschauen aber ist gratis.

14 [I7] **Maritieme Kunst en Antiekhandel,** Voorhaven 33, Tel. 010 4254565, www.voc-rotterdam.com, Mi.–Sa. 12–18, So. 13–17 Uhr. Trödel und Antikes, Porzellan und Bronze, Stiche und Gemälde, alte Globen und Sextanten. Stöbern erwünscht, auch auf der Internetseite des Ladens im Stadtteil Delfshaven.

15 [L4] **Mostert van Leeuwen,** Van Oldenbarneveltstraat 129, Tel. 010 4048004, www.mostertvanleeuwen.com, Di.–Do./ Sa. 10–18, Fr. 10–21, So. 13–17 Uhr.

Markenkleidung für Männer und Frauen – unter anderem von René Lazard, Cacharel, Kenzo, Fogal, Paula Ka, Fred Perry, Pringle of Scotland …

16 [M5] **Mystiek,** Schiedamse Vest 79, Tel. 010 4113160, www.mystiek.nl, Mo. 12–17.30, Di.–Do. 10–17.30, Fr. 10–21, Sa. 10–17, So. 12–17 Uhr. Mystiker und Esoteriker sind hier ebenso willkommen wie die Anhänger von Voodoo und anderem Zauber. 4000 Bücher sind im Angebot, Klangschalen, heilende Steine und Buddha-Statuen …

17 [L4] **Roush,** Van Oldenbarneveltstraat 93, Tel. 010 4121236, Di.–Do. 10–18, Fr. 10–21, Sa. 10–17.30, So. 13–17 Uhr. Exklusive Damenmode, Taschen und Schuhe. Preiswerte skandinavische neben teurer italienischer Markenware.

18 [M4] **Selexyz Donner,** Lijnbaan 150, www.selexyz.nl/winkels/40/rotterdam/lijnbaan–150, Tel. 02 4132070, Mo. 11–18, Di.–Do./Sa. 9.30–18, Fr. 9.30–21, So. 12–17 Uhr. 250.000 Bücher hat die größte Buchhandlung in den Niederlanden im Angebot. Daneben DVDs, Schallplatten und Kunst.

19 [L5] **Sirene,** Nieuwe Binnenweg 82, Tel. 010 4360070, www.sirene-mode.nl, Di.–Fr. 11–18, Sa. 11–17, So. 13–17 Uhr. Exklusive Mode und Accessoires für die selbstbewusste und ältere Frau.

20 [L4] **Sonja International,** Mauritsweg 23, Tel. 010 4138895, www.sonja.nl, Mo.–So. 9–17.30 Uhr (montagvormittags geschlossen). Exklusive Mode für Braut und Bräutigam. Das Outlet des Unternehmens findet sich gegenüber auf dem Westersingel 15, wo es schon für unter 750 € schönste Brautkleider gibt.

21 [M4] **Studio Hergebruik,** Coolsingel 53, www.studiohergebruik.nl, Tel. 010 4133660, Di.–Sa. 11–18 Uhr. Design- und Gebrauchskunstladen, Dokumentationszentrum und Atelier. Besonderen Wert legt man auf die Verwendung recycelbarer Materialien.

⚓ **22** [L4] **Van Dijk,** Van Oldenbarnevelt-straat 105, Tel. 010 4112644, Mo. 13–18, Di.–Do./Sa. 10–18, Fr. 10–21, So. 13–17 Uhr. Van Dijk steht für belgische und niederländische Designermode. Hochwertige Ware in bester Qualität.

MÄRKTE

Unbedingt eine Stippvisite wert sind Rotterdams Märkte. Rund zwölf Kilometer, so wollen es findige Köpfe ausgerechnet haben, wäre jemand wöchentlich unterwegs, wollte er alle **1500 Marktstände** ablaufen. Der größte Markt ist der Zentralmarkt auf der Binnenrotte ⑩, der im Sommer auch eine abgespeckte Sonntagsvariante kennt. Alte Klamotten gibt es hier, Bücher und CDs, Blumen und frische Lebensmittel. Vom feinsten Käse bis zu Nordseemuscheln, die man am besten gleich vor Ort verzehrt.

Wer es exotischer mag, ist am Afrikaanderplein bestens aufgehoben, wo mittwochs und samstags Markt ist. Bis zu 15.000 Menschen drängen sich an schönen Tagen hier in Rotterdams Süden. Berber, Araber, Türken, Pakistani handeln neben Menschen aus Suriname, den Niederländischen Antillen oder den Kapverdischen Inseln. **Direkt vom Erzeuger** gibt es jeden Dienstag Biolebensmittel auf dem Eendrachtsplein inmitten der Stadt. Und wer alte Bücher sucht, sollte dienstags oder samstags in der Wijde Kerkstraat (8–17 Uhr) vorbeischauen.

› Info-Tel. Markten Rotterdam 010 8922534, www.derotterdamsemarkt.nl

▶ *Mehr als 450 Stände finden sich auf dem Zentralmarkt im Schatten der Laurentiuskirche (Grote Kerk)* ⑧

013rd Abb.: gs

Allgemeine Märkte

⚓ **24** [N4] **Zentralmarkt Rotterdam,** Binnenrotte, Metro: Blaak, ganzjährig: Di. 8–17.30, Sa. 8–17 Uhr. Zusätzlich April–Dez.: So. 12–17 Uhr. Rotterdams größter Markt lässt kaum Wünsche offen. Im Angebot der mehr als 450 Stände sind Textilien und Lebensmittel, Blumen und Bücher – und vieles, vieles mehr ...

⚓ **25 Markt Asterlo Zuidwijk,** Metro: Slinge, Fr. 8–17.30 Uhr. Der Markt mit seinen fast 100 Ständen nahe der Sporthalle Asterlo gilt als der stimmungsvollste in der Stadt. Seit mehr als einer Generation ist er inzwischen Treffpunkt der Einheimischen.

⚓ **26** [P8] **Afrikanischer Markt,** Africaanderplein, Metro: Maashaven, Mi. 8–17.30, Sa. 8–17 Uhr. Multikultureller Markt im Süden der Stadt. Rund 300 Stände bieten vor allem ein Forum für die vielen ethnischen Minderheiten Rotterdams.

🔒 **27** [B8] **Markt Visserijplein West,** Metro: Delfshaven, Do. 8–17.30, Sa. 8–17 Uhr. Der Markt im Westen Rotterdams ist einer der ältesten und vor allem bei Marokkanern und Chinesen sehr geschätzt. Auch Ware aus zweiter Hand ist hier im Angebot.

Biomarkt

🔒 **28** [L5] **Biomarkt Eendrachtsplein,** Metro: Eendrachtsplein, Di. 8.30–17.30 Uhr. Ein Dutzend Stände offerieren einmal wöchentlich Biologisches direkt vom Erzeuger. Wer guten holländischen Käse sucht, sollte unbedingt vorbeischauen.

ROTTERDAM FÜR GENIESSER

Eines gleich vorweg: Rotterdams Küche ist längst eine globale – eine auch mit Sterneköchen. Mehr als hundert verschiedene Stilrichtungen wollen Gastronomie-Spezialisten in der Stadt gezählt haben. Arabische, afrikanische und asiatische Köstlichkeiten, deren Rezepte zur Zubereitung die vielen Zehntausend Einwanderer vor allem aus den ehemaligen niederländischen Kolonien mitgebracht haben. Hinzu kommen Spanier und Italiener, Griechen und Franzosen, **Kochkünstler aus ganz Europa,** die in Rotterdam auf den Tisch bringen, was sie in ihrer Heimat einst zu schätzen gelernt haben.

Die Zeiten, als die Niederlande zur kulinarischen Diaspora Europas gehörten, sind vorbei. Klassiker und Exoten servieren heute fast rund um die Uhr ihre Speisen **in allen Preisklassen,** vom billigen Fast Food bis zum mehrgängigen Feinschmeckermenü. Sterneköche wie Erik van Loo im Parkheuvel oder Gert Blom im Amarone (s. S. 65) mehrten schon seit Jahren den kulinarischen Ruf der Stadt. Mit dem Ivy (s. S. 30) im Trendstadtteil Lloydkwartier ㉓ und dem Fred im grünen Viertel Kralingen

014rd Abb.: gs

kamen 2010 sogar zwei neue Michelin-Sternerestaurants dazu. Die neue Lebenslust an der Maas zeigt auch in den Küchen Wirkung.

Fast jeder Stadtteil Rotterdams „schmeckt" anders. Asiatische Kochkunst dominiert im sogenannten Chinesenviertel entlang der Westkruiskade nicht weit weg vom Hauptbahnhof ❶. Internationale, gehobene Küche ist im Scheepvaartskwartier ㉑ zu Hause, wo sich direkt am Veerhaven Z&M Delikatessen mit frischen, saisonalen Gerichten einen Namen gemacht hat. Im Winter sitzt man im ehemaligen Fahrradladen gemütlich bei Kerzenlicht, im Sommer draußen auf der Terrasse. Wer es exklusiver mag, ist gegenüber im neuen Restaurant des Wereldmuseum (s. S. 81) gut aufgehoben. Und nur ein paar Schritte stadteinwärts wird in der Galerie des Westerlijk Handelsterrein die Wahl zur Qual. Gleich mehrere schicke Lokale, Bars und Restaurants buhlen hier um den Gast – so wie das Smaak (s. S. 31), in dem die Köche vor den Augen ihrer Kundschaft immer wieder Neues auf die Teller zaubern.

Selbst **auf dem Wasser** hat die Gastronomie viele Gesichter (s. S. 33 Extratipp). Im Parkhaven zu Füßen des Euromast ㉒ liegt das China-Boot (s. S. 33), das asiatische Küche serviert, neben dem Pfannkuchenboot (s. S. 33), in dem Teigfladen je nach Gusto süß oder sauer belegt werden, und im Spiesenboot werden Fisch und Fleisch an langen Spießen serviert. Im Haringvliet hinter dem Alten Hafen ⑲ sind Tapas-Boot und Indian Curry-Boot zu Hause, deren Namen ebenfalls die gastronomische Richtung weisen. Kulinarische Highlights sind das nicht immer, aber, wenn das Wetter mitspielt, eine interessante gastronomische Entdeckungsreise. Ganz klassisch in Kreuzfahreratmosphäre speist man auf der SS Rotterdam, die am Eingang zum Maashaven für immer vor Anker gegangen ist und dort inzwischen auch als Hotelschiff dient.

Wer es vorzieht, **hoch über der Stadt** zu speisen, ist im Engels Grandcafé Restaurant Zalen (s. S. 30) bestens aufgehoben. Gleich neben dem Hauptbahnhof, in dem unter Denkmalschutz stehenden Großhandelsgebäude, ist die Dachterrasse des Restaurants der ideale Platz, um sich bei einem Lammfilet mit Kartoffelbrei und frischem Spinat auf Rotterdam einzustimmen – mit Sicht über die ganze Stadt. Einen noch besseren Blick über das „Manhattan an der Maas" genießt den Besucher im Panoramarestaurant des Euromast, gut hundert Meter über der Stadt, wo ein fünfgängiges Überraschungsmenü ebenso auf der Karte steht wie belegte Käsebrote oder eine Tomatensuppe.

Die größte Speiseauswahl findet der Citybummler aber sicher in der Witte de Withstraat ⑮, wo sich Vielesser und Feinschmecker gleichermaßen wohlfühlen können. Nirgendwo anders in der Stadt ist die Dichte an Imbissbuden und Lokalen, Restaurants und Cafés größer als hier. Und im Spooky (s. S. 34) wird selbst noch **frühmorgens** den Nachtschwärmern ein belegtes Brot serviert.

◀ *Rotterdam ist keine kulinarische Diaspora mehr: Blick ins Sternerestaurant Amarone (s. S. 30)*

■ UIERBOORD – KUHEUTER-SPITZEN ALS SPEZIALITÄT

„Uierboord" heißt Rotterdams Nationalgericht, „Koeetiet" nennen es die Einheimischen. Genau betrachtet sind es die Spitzen vom Kuheuter, die fein verwurstet aufs Brot gestrichen und mit Pfeffer und Salz gewürzt werden. Ursprünglich war es ein Armeleuteessen aus gekochten Schlachtabfällen, ein Gericht, das noch zu Kriegszeiten in der Stadt weitverbreitet war. Inzwischen will in Rotterdam keiner mehr davon etwas wissen. Angeblich verkauft nur noch ein einziger Metzger die einstige Delikatesse.

Nur ein paar Schritte weiter findet sich mit dem Bazar ein weiterer Hotspot. Ein Multikulti-Treff, der von morgens bis abends afrikanische und arabische Köstlichkeiten serviert und auch bei **Vegetariern** beliebt ist.

Wenn man gesehen werden will, setzt man sich ins Café Dudok, dem geräumigen Inn-Treff in der City. Sommers zieht es die Trendsetter vor allem ans Wasser: in die Restaurants und Cafés am Veerhaven, zum Alten Hafen oder auf den Wilhelmina-Pier **㉕**, wo das Café im Hotel New York (s. S. 124) zum **Sonnenuntergang** mit die besten Plätze in der Stadt bietet.

Wer ein klassisches Café sucht, sollte übrigens ein *Koffiehuis* ansteuern, wo man bei schwarzem, meist starkem Kaffee gern Zeitung liest. Die niederländischen Cafés dagegen gleichen mehr unseren Kneipen. Manche nennen sich *Eetcafé* oder *Eethuis*, was in der Regel ein gut bürgerliches

Essen für unter 15 € garantiert. Etwas teurer wird es in den Restaurants, die allerdings auch einen höheren Küchenstandard pflegen. Wie der Name schon sagt, haben sich die **Pannenkoekenhuizen** auf die Fertigung von Pfannkuchen spezialisiert, die mit Sirup in fast jeder Geschmacksrichtung serviert werden. Auf Rotterdams Wochenmarkt sollte man ruhig auch einmal die *poffertjes* probieren. Das Eiergebäck ähnelt ein bisschen kleinen Pfannkuchen und wird warm, mit Puderzucker überstreut, gegessen. Eine Delikatesse sind auf dem Wochenmarkt auch die frisch gekochten Muscheln im Winter – oder der Hering, der frisch gefangen am besten schmeckt.

KULINARISCHER TAGESABLAUF

In der Regel gibt es auch in Rotterdam drei Mahlzeiten am Tag. Vom typisch holländischen Frühstück, dem sogenannten *Ontbijt*, wird man in den meisten Hotels wenig mitbekommen, werden dort doch gewöhnlich mehr oder minder große Buffets angeboten. Die Niederländer selbst starten traditionell mit einer **„Kopje koffie"**, einer Tasse Kaffee, in den Tag – manchmal kann es auch ein Tee oder eine heiße Schokolade sein. Dazu gibt es traditionell ein Brötchen oder ein Stück Brot, das mit Marmelade bestrichen oder mit Käse oder Wurst belegt wird – für die Kinder auch gern mit *hagelslag* oder *muisjes*, Schokostreuseln oder bunten Zuckerschnipseln mit Anisgeschmack. Inzwischen hat auch die Cornflakeskultur in den Niederlanden ihre Anhänger, das deutsche oder Schweizer Müsli dagegen tut sich noch schwer. Gefrühstückt wird übrigens auch gern auf dem Weg zur Arbeit, im Zug, der

Metro oder im Auto, z. B. im morgendlichen Stau.

Nicht viel Aufhebens machen die Holländer um das **Mittagessen**, das genau betrachtet eine Art zweites Frühstück ist – meist eine Suppe, ein Sandwich oder etwas Salat, hin und wieder vielleicht noch eine kleine Fleischbulette oder ein Ei. Dazu trinkt man ein Glas (Butter-)Milch, Tee oder Kaffee. *Lunch* heißt die niederländische Mittagsmahlzeit, ausgesprochen wie „lünsch". Grob gesagt gilt mittags noch immer die calvinistisch geprägte Devise: Essen soll satt machen, nicht viel kosten und vor allem die Arbeit nicht beeinträchtigen.

Dafür isst man **abends gern mehr und warm** – traditionell schon gegen 18.30 Uhr, viel früher also als bei uns. Unter Umständen wird die Wartezeit bis dahin mit einer weiteren Tasse Kaffee oder Tee überbrückt, zu der man gern ein paar Süßigkeiten wie Plätzchen oder Nüsse nascht.

Beliebt auch ist nach englischem Vorbild der *High Tea,* bei dem auf mehrstöckigen Tellergebilden Sandwiches und Süßigkeiten zum Tee oder Kaffee serviert werden. Mehr und mehr treffen sich die Rotterdamer auch nach Dienstschluss hin und wieder zu einem kleinen Aperitif. *Borrel* sagen die Einheimischen dazu.

Trotz aller multikulturellen Einflüsse, an denen die Stadt so reich ist, gehören in den holländischen Familien abends Kartoffeln, Gemüse und Fleisch auf den Tisch, am besten als Brei. *Stamppot* heißt so auch das **Nationalgericht**, bei dem

▲ *Im Smaak (s. S. 31) kann man zuschauen, wie die Köstlichkeiten entstehen*

■ KÄSE VOM BAUERN

*Für viele ist Holland noch immer das Land des Käses, weshalb deren Einwohner gerne als „Käseköppe" verspottet werden. Schon im Mittelalter wurde in der Region Käse gefertigt - und exportiert. Mit der Erfindung der Zentrifuge revolutionierte sich die Fertigung. Statt auf dem Bauernhof wurde jetzt in der Molkerei produziert, statt roher, unbehandelter Milch weitgehend pasteurisierte verarbeitet, in der Regel auf einen bestimmten Fettgehalt reduziert und damit massentauglich. **Gouda, Leerdamer oder Edamer** wurden so zu Markenbegriffen - auch der Maasdammer, die holländische Version des Emmentalers. So gilt Gouda heute längst als Sammelname für zarten, leicht salzigen Käse aus roher Milch. Angeboten wird er in zahlreichen Varianten, mit Petersilie, Pfeffer, Knoblauch oder Gewürznelken angereichert.*

*Große Käsefabriken liefern heute **holländischen Käse in alle Welt**. Aber natürlich gibt es auch noch den handgemachten Bauernkäse, der in Rotterdam auf dem Biomarkt (s. S. 24) oder in Spezialläden angeboten wird. Eine kleine Käsefarm findet sich auch in Bergambacht vor den Toren Goudas, wo der Käse mit Nüssen, Parika, Knoblauch oder Senf verfeinert wird.*

🛍**29** *Kaasboerderij Jongenhoeve, Familie de Jong, Benedenberg 90, 2861 Bergambacht, Tel. 0182 351229, www.jongenhoeve.nl, Mo.-Sa. nach Absprache. Goudakäse allen Alters und Größe direkt vom Bauernhof. Der Hof liegt zwischen Rotterdam und Gouda.*

🛍**30** *'t Kaaswinkeltje, Lange Tiendeweg 30, 2801KH Gouda, Tel. 0182 514269, www.kaaswinkeltje. com, Mo.-Sa. 9-18 Uhr. Einziger Käseladen, der ausschließlich nicht pasteurisierten Gouda verkauft. Die Ware stammt von Bauern aus der Umgebung und wird auch in einem Onlineshop vertrieben.*

Weitere Käseläden in Rotterdam:
🛍**31** *[L5] Kaashoeve, Oude Binnenweg 95a, Tel. 010 4138644*
🛍**32** *[H6] Borsboom Kaashal, Schiedamseweg 133a, Tel. 010 4763997*
🛍**33** *[M2] Berkhout's Kaashandel, Zwart Janstraat 22, Tel. 010 4656236*

unterschiedlichste Gemüse – von der Zwiebel bis zur Karotte – mit Fleischstückchen zusammengerührt werden. Traditionell mit Stücken aus der Hochrippe, heute auch mit Rinds- oder Schweinswurst.

Inzwischen aber bestimmen auch Eigenarten andere Länder Rotterdams Küche. Schnell gekocht oder gebraten sind so Reis oder Nudeln, wie sie die vielen asiatischen Lokale anbieten. Auch gewürzt wird heute anders als früher. So steht Sambal (scharfes Gewürz aus Chilischoten) oder Sojasoße auf vielen Restauranttischen. Die „Chinesen" – wie die Sammelbezeichnung für die asiatisch inspirierte Küche im Volksmund lautet – verkaufen ihre Mahlzeiten auch gern als **Take Away**. So kann man sich im Sommer seinen Lunch auch einmal im Park oder am Maasufer schmecken lassen. Und wenn die meisten Lokale geschlossen sind, gibt es immer noch Fast-Food-Automaten, die mit panierten Häppchen aus Fleisch *(Borrelhappjes)* bestückt sind.

Das **Dessert** in den Niederlanden nennt man *toetje*. Am populärsten ist die *appeltaart met slagroom*, mit feinstem Schlagrahm überzogener Apfelkuchen. Aber auch Pfannkuchen aller Art, Waffeln und Gebäck versüßen den Essensabschluss. Krönung ist ein Genever, der holländische Schnaps.

Das niederländische Nationalgetränk ist neben dem Genever übrigens **Kaffee, der zu jeder Tageszeit** getrunken wird. Man sollte sich also nicht wundern, wenn man auch spätabends noch eine Tasse angeboten bekommt. Ansonsten aber kann man ein Glas Bier oder Wein trinken, der auch in Rotterdam immer mehr Freunde findet. Ach ja, nicht zu vergessen: „Guten Appetit" heißt *eet smakelijk* und bedeutet wörtlich übersetzt: „Iss lecker"! Und statt „Prost" heißt es in Rotterdam in der Regel *Gezondheit* – Gesundheit.

GENEVER (JENEVER) – HOLLANDS HAUSTRUNK

*Die Kunst des Destillierens haben die Niederländer mit dem Genever, holländisch Jenever genannt, zur Perfektion entwickelt. Schon seit dem Mittelalter gilt er als **Nationalgetränk**. Nach höchstrichterlichem Urteil muss er mindestens 35 Volumenprozent Alkohol aufweisen, was ihm jene geheimnisvolle Kraft verleiht, nach der ein voller Magen am Ende eines üppigen Mahls verlangt.*

*Nicht nur vom Wortstamm her erinnert der Genever an die spanischen Besatzer von einst und ihren Gin. So bedeutet das spanische „ginebra" nichts anderes als Wacholderbeere, der neben Kümmel, Anis oder Koriander wichtigsten Zutat der Geneverdestillateure. Gute Genever, wie die aus der Hausdestillerie Rutten in Dordrecht, werden aus reinem **Getreide- oder Malzweinalkohol** hergestellt, nicht aus sogenanntem Melassespiritus, der bei der Zuckerfabrikation entsteht und gern zur industriellen Fertigung verwendet wird.*

*Fachleute unterscheiden zwischen jungem („jonge") und altem („oude") Genever. Dabei ist nicht das Alter entscheidend, sondern die Menge des verwendeten Malzweinalkohols. Spezialisten erkennen einen guten Genever an der Farbe. So haben die in Eichenfässern über Jahre gereiften Spitzenprodukte fast schon eine goldene Färbung. Wer möchte, kann den Genever **gern auch mit Bier** mischen, was in Holland dann unter dem Namen „kopstoot" („Kopfstoß") serviert wird.*

*Zentrum der Geneverfabrikation ist Schiedam ❷, wo sich auch das nationale **Genevermuseum** (s. S. 91) befindet.*

❯*Wer sich für die Herstellung des Schnapses interessiert, dem sei ein Besuch der Firma Nolet in Schiedam empfohlen, wo man die Kunst des Destillierens seit 1691 pflegt. Werktags um 10 oder 14 Uhr gibt es nach Voranmeldung zweistündige Werksführungen, www.noletdistillery.com.*

RESTAURANTKATEGORIEN

Preise für ein Menü inklusive Vorspeise,
Hauptgericht und Nachspeise ohne
Getränke (pro Person):

€	Menü bis 20 €
€€	Menü 20–50 €
€€€	Menü ab 50 €

EMPFEHLENSWERTE RESTAURANTS

34 [N4] **Amarone** €€–€€€, Meent 72a,
www.restaurantamarone.nl, Tel. 010
4148487, Mo.–Fr. 12–14, 18–21.30,
Sa. 18–21.30 Uhr. Populäres Sternerestaurant in der City mit sehr gutem
Preis-Leistungs-Verhältnis (Extratipp
s. S. 65). Fleisch und Fisch vom Feinsten,
dazu edle italienische Weine.

35 [M5] **Bazar** € (s. S. 123), Witte de
Withstraat 16, Tel. 010 2065151, Mo.–
Fr. 8–1, Sa. 9–2, So. 9–24 Uhr. Treffpunkt der Travellerszene: afrikanische
und arabische Küche mit wechselndem
Tagesgericht unter 10 €. Im Sommer sitzt
man auf der Straße, sonst in einem Stilmix aus Tausendundeinernacht.

36 [M4] **Brasserie Staal Rotterdam** €€,
Beursplein 33, Tel. 010 4443494,
www.staalrotterdam.nl, Mo.–Fr. 9–22,
Sa. 11–22, So. 12–18 Uhr.
Gemütliches Restaurant im Börsenge-
bäude. Vegetariern seien die mit Blau-
schimmelkäse und Walnüssen gefüllten
Ravioli ans Herz gelegt.

37 [N8] **De Jonge De Jong** €–€€, Delistraat
52, www.dejongedejong.nl, Tel. 010
2152764, Mi.–So. 18–24 Uhr. Kleines
Restaurant im Stadtteil Katendrecht.
Wechselnde Karte, die von Saisonan-
geboten abhängig ist. Auch spätabends
wird hier noch gern gekocht.

38 [M5] **Eetcafé Opa** €–€€, Witte de Withstraat 49, Tel. 010 4130094, www.
eetcafeopa.nl, So.–Do. 16–1, Fr./Sa.
16–2 Uhr. Gemütliches Lokal mit vielen
„Opa-Bildern" an der Wand, meist Fotos
berühmter Männer. Empfehlenswert sind
die Salate und das Bier vom Fass.

39 [L4] **Engels Grandcafé Restaurant
Zalen** €–€€, Stationsplein 45, Tel. 010
4119550, www.engels.nl, Mo.–Fr.
8–23, Sa. 9–23, So.10–23 Uhr. Gastronomische Institution neben dem Hauptbahnhof. Seit 1884 pflegt man in dem
inzwischen denkmalgeschützten Gebäude beste Küche. Das preiswerte Lunch-
buffet schätzen nicht nur die
Einheimischen. Sonntags Brunch.

40 [K7] **Ivy** €€–€€€, Lloydstraat 204, Tel.
010 4250520, www.restaurant-ivy.nl,
Di.–Sa. 12–14, 18.30–22 Uhr. Seit
2010 mit einem Michelin-Stern dekorier-
tes Restaurant im trendigen Lloydkwartier. Dreigängiges, täglich wechselndes
Mittagsmenü. Kulinarisches Highlight ist
ein neungängiges vegetarisches Menü
für 115 €.

41 [M5] **Met de Franse Slag** €–€€, Schilderstraat 20a, www.metdefranseslag.nl,
Tel. 010 4130143, tgl. ab 17 Uhr. Fran-
zösisch angehaucht gibt sich das kleine Café und Restaurant. Die Küche ist
leicht, reicht von Salat und Suppen über
Rindercarpaccio bis zur Entenbrust mit
Honigjus. Für Vegetarier gibt es ein
eigenes Tagesgericht.

42 [L5] **Restaurant 70** (Bilderberg Parkhotel) €€, Westersingel 70, Tel. 010
4363611, www.bilderberg.nl, Mo.–Sa.
18–21.30 Uhr. Hotel-Restaurant mit
angenehmer, gehobener Atmosphäre.
Mediterrane À-la-carte-Küche mit franzö-
sischem Einschlag.

▶ *Engels Grandcafé :
Restaurant mit Stadtpanorama*

🏠43 [N7] **Hotel New York** (Restaurant) €€–€€€, Koninginnenhoofd 1, Rotterdam, www.hotelnewyork.nl, Tel. 010 4390525, tgl. 7–1 Uhr. Vom einfachen Snack bis zum großen Menü reichen die Angebote. Besondere Spezialität ist der Nachmittagstee *High Tea,* der zwischen 15 und 18 Uhr serviert wird. Schöner Ausblick auf die Maas. WLAN.

🏠44 [M6] **Schmidt Zeevis** €, Vasteland 60, www.schmidtzeevis.nl, Tel. 010 2140673, Mo.–Fr. 8–18 Uhr. Besser kommt man in Rotterdam kaum an frischen Fisch und Meeresfrüchte. Groß ist die Auswahl an den Kühltheken, die von den Einheimischen immer gern umlagert sind.

🏠45 [M6] **Smaak** €€, Van Vollenhovenstraat 15, www.restaurantsmaak.nl, Tel. 010 4362294, Mo–Fr. ab 12, Sa./So ab 15 Uhr. Frische Regionalküche mit internationalem Touch. Schönes Ambiente, in dem die Gäste den Köchen bei ihrer Arbeit zuschauen können. Fast täglich wechselnde Drei- und Viergangmenüs.

EXTRATIPP

Essen mit Aussicht

㉒ [K7] **Euromast** €€, Tel. 010 4364811, www.euromast.nl, tgl. 12–22 Uhr. Ein täglich wechselndes Fischgericht ist im höchstgelegenen Restaurant der Stadt ebenso im Angebot wie komplette Überraschungsmenüs. Aber auch wer nur ein belegtes Brot oder eine Suppe sucht, ist hier richtig.

🏠46 [L5] **Het Pavilon** €, (Restaurant im Museum Boijmans Van Beuningen), Museumpark 11, Tel. 010 4419400, www.boijmans.nl, Di.–So. 11–16 Uhr. In einem lichtdurchfluteten Pavillon serviert man Salate, Suppen oder belegte Brote. Schön ist der Blick in den Museumsgarten – und auch die Toiletten sind fast ein eigenes Kunstwerk!

🏠47 [O4] **Weimar1890** €€, Haringvliet 637, www.weimar1890.nl, Tel. 010 4148835, So.–Do. 10–1, Fr./Sa. 10–2 Uhr. Ab Mai lockt die Terrasse zum

015rd Abb.: gs

COFFEESHOPS: MARIHUANA FÜR DEN HAUSGEBRAUCH

Mitte der 1970er-Jahre eröffnete der erste Coffeeshop in den Niederlanden. Vorausgegangen war eine Änderung des Opiumgesetzes und der Verzicht der Polizei, Drogenkonsumenten unter bestimmten Umständen strafrechtlich zu verfolgen. Durch die kontrollierte Abgabe weicher Drogen versuchte man zudem, die Beschaffungskriminalität einzudämmen. Inzwischen hat man den Verkauf weicher Drogen in den Coffeeshops wieder eingeschränkt. So dürfen nur noch Kunden über 18 Jahren bedient wer-

den, wurde die Höchstverkaufsmenge von 30 auf maximal 5 Gramm Cannabis reduziert. Harte Drogen werden in Coffeeshops weder verkauft noch geduldet. Über die Einrichtung von Coffeeshops entscheiden die Städte, welche die **lizenzierten Betriebe** scharf überwachen. In der Regel ist ihnen der Alkoholausschank verboten.

Der Begriff Coffeeshop wurzelt im niederländischen „Koffiehuis", das seit Jahrhunderten als nationale Institution gilt, und sollte in der englischen Version eine internationale Klientel ansprechen. Da Anbau und Einfuhr von Drogen nach wie vor auch in den Niederlanden gesetzlich nicht erlaubt sind und Verstöße dagegen **mit Haft geahndet** werden können, sind die Preise für Marihuana auch in Holland nicht niedriger als anderswo in Europa. Alle Verkäufer lassen sich ihr Beschaffungsrisiko entsprechend bezahlen. Großeinkäufer stehen also immer mit einem Bein auch im Gefängnis.

◄ *Rauschpflanzen als Werbesignet, aber nur Erwachsene dürfen in den Coffeeshop*

Sundowner mit wunderschönem Blick auf den Alten Hafen samt der Kubushäuser. Im Winter empfiehlt sich eins der zehn Käsefondues.

48 [M6] **Z&M** €-€€, Veerhaven 13, www.zenmdelicatessen.nl, Tel. 010 2800980, Di.–So. 12–22 Uhr. Gemütliches Restaurant in einem rund hundertjährigen Haus. Im Sommer lädt die Terrasse gegenüber dem Veerhaven.

Preiswerte Lunchgerichte und saisonale Frischeküche.

49 [L4] **Zaalcaférestaurant De Unie** €, Mauritsweg 34–35, 3012 JT Rotterdam, www.deunie.nu, Tel. 010 4049786, Mo.–Fr. ab 11 Uhr, Sa./So. ab 13 Uhr. Im Künstlertreffpunkt setzt man auf Biofleisch und frische Produkte, man schaut einfach auf die Schiefertafel. Am Wochenende öfter Musikveranstaltungen.

FÜR DEN KLEINEN HUNGER UND GELDBEUTEL

🔵**50** [M6] **Grand Café Loos** €-€€, Westplein 1, www.loos-rotterdam.nl, Tel. 010 4114723, Mo. 9–24, Di.–Fr. 9–1, Sa. 10–1, So. 10–24 Uhr. Die Schiefertafel an der Bar offeriert frische Suppen, Salate und Pasta, dazu ein Tagesmenü. Wochentags gibt es einen preiswerten Lunch.

🔵**51** [L6] **Kunsthalcafé** €, Westzeedijk 343, Tel. 010 2250698, www.kunsthalcafe.nl, Di.–So. 10–17 Uhr. Im von Hollands Stararchitekten Koolhaas geschaffenen Café munden Kaffee und Kuchen genauso gut wie Tomatensuppe oder Nudelgerichte. Junges und internationales Publikum.

Essen an Bord

Warum nicht mal an Bord eines fahrenden Schiffes essen – Sightseeing mal ganz anders? Dazu gibt es in Rotterdam reichlich Gelegenheit. Am beliebtesten sind die Touren mit dem Pfannkuchenboot. Wer es asiatisch mag, auf den wartet das China-Boot! Beide Boote starten ihre Rundfahrten im Parkhaven zu Füßen des Euromast **22** .

🔴**55** [K7] **Pfannkuchenboot** €€, Parkhaven, Tel. 010 4367295, www.pannekoekenboot.nl. Mi./Fr.–So. startet das Pfannkuchenboot um 16.30 und 18 Uhr zu einer einstündigen Tour. Zweieinhalb Stunden ist man samstags und sonntags ab 13.30 und 16 Uhr unterwegs, samstagabends noch einmal drei Stunden zum abendlichen Pfannkuchendinner.

🔴**56** [K7] **China-Boot** €€, Parkhaven 20, Tel. 010 4361911, www.chinaboat.nl. Ein chinesisches Bufett gibt es auf dem China-Boot. Donnerstags um 18.30 Uhr, freitags eine Stunde früher, legt es zu einer zweistündigen Rundfahrt ab. Zum Dinner schippert das China-Boot freitag- und samstagabends um 20 Uhr los, sonntags schon um 17 Uhr.

🔵**52** [L4] **L'Ouest** €, Van Oldenbarneveltstraat 139, Tel. 010 2807206, www.louest.nl, Mi./Do. 12–22, Fr./Sa. 12–1, So. 12–20 Uhr. Neuer Szenetreff in der Innenstadt mit schöner Außenterrasse. Kleine Weinbar, in der keiner zu verhungern braucht. Suppen unter 5 € und kleine Leckereien.

🔵**53** [L5] **SIJF** €, Oude Binnenweg 115, Tel. 010 4332610, www.sijf.nl, Mo.–So. 11.30–23 Uhr. Gemütliche Restaurantbar mit schöner Außenterrasse. Klassische holländische Küche. Wechselnde Tagesgerichte: Montags *Stamppot*, dienstags Spare Ribs, mittwochs Gambas.

🔴**54** [L4] **Lebkov Soups & Salad** €, Stationsplein 50, Tel. 010 2400617, www.lebkov.com, Mo.–Sa. 9–17 Uhr. Trendiger Laden gegenüber dem Hauptbahnhof mit frischen Salaten und leckeren Sandwiches. Die Salatmenüs sind bei den Einheimischen beliebt.

CAFÉS

❯ **Boulevardcafé Staal Rotterdam** (s. S. 30), Beursplein 33, Tel. 010 4443494, www.staalrotterdam.nl, Mi.–So. 10–18 Uhr (im Sommer täglich bis 23 Uhr), mit WLAN-Hotspot. Das Boulevardcafé reklamiert Rotterdams sonnigste Terrasse für sich. Sehen und gesehen werden ist dann die Devise, bei einem Cocktail oder einem kleinen Imbiss.

🔵**58** [L5] **Espresso Bar im Museum Van Beuningen,** Museumpark 11, Tel. 010 4419400, www.boijmans.nl, Di.–So. 10–17.30 Uhr. Die kleine Bar mit Comic-Zeichnungen an den Wänden kann man auch ohne Museums-Ticket besuchen. Kaffee oder Tee gibt es an der Theke, dazu kleine süße Leckereien.

🔵**59** [M5] **Museumcafé Lloyd,** Leuvehaven 1, Tel. 010 2800202, www.restaurantlloyds.nl, Di.–So. 10–17 Uhr (Küche 12–16 Uhr), mit WLAN-

EXTRATIPP

Dinner for One

64 [M5] **Eendracht** €€, Eendrachtsweg 31a, Tel. 06 14865478, www. restauranteendracht.com, Fr.–Mo. ab 18 Uhr. Wo früher mit Heroin gedealt wurde, treffen sich heute die Feinschmecker an langen Holztischen. Frisches Fleisch und Biogemüse stehen auf dem Speiseplan. Da das Essen in der Eendracht vom Küchenchef auch gern ein bisschen zelebriert wird, sollten Citybummler viel Zeit fürs Dinner mitbringen (s. S. 72).

Für den späten Hunger

65 [M5] **Spooky**, Witte de Withstraat 70, Tel. 010 4135932. Populärste innerstädtische Anlaufstelle aller hungrigen Nachtschwärmer. Die Imbissbude ist bis in die frühen Morgenstunden geöffnet und wird vor allem wegen ihrer lecker belegten Brote geschätzt.

Lecker Vegetarisch

66 [I7] **Bla Bla** €€, Piet Heynsplein 35, Tel. 010 4774448, www.bla-bla.nl, Di.–So. ab 17.30 Uhr. Kleines Restaurant nicht weit von der Pilgerväterkirche im Stadtteil Delfshaven. Käse, Reis, Brot, Kartoffeln und Gemüse dominieren die umfangreiche Speisekarte.

Hotspot. Tapas sind hier gefragt oder kleine, mit Fisch belegte Sandwiches. Besonders zu empfehlen: der *High Tea* für zwei Personen, Kaffeepause auf englische Art.

60 [O4] **Eetcafé 't Bolwerk**, Gelderse-kade 1c, www.cafebolwerk.nl, Tel. 010 4142142, Mo.–Do. 10.30 –24, Fr./Sa. 10.30–2, So. 10.30–24 Uhr. Essen und Trinken im Witte Huis, dem ältesten Wolkenkratzer Europas – zum Beispiel den Toast Bolwerk mit Salami und Mozzarella.

61 [M4] **Café Brasserie Dudok,** Meent 88, Tel. 010 4333102, www.dudok.nl, Mo.–Mi. 8–23, Do. 8–24, Fr. 8–1, Sa. 9–1, So. 10–23 Uhr. Frühstück, Lunch, Nachmittagstee oder Dinner, das bis 21.30 Uhr angeboten wird – das Dudok gehört zu den Hotspots der Stadt.

62 [N7] **Café Rotterdam,** Wilhelmina-kade 699, www.caferotterdam.nl, Tel. 010 2908442, Mo.–Do. 9–24, Fr. 9–1, Sa. 10–1, So.10–24 Uhr, mit WLAN-Hotspot. Einmalig ist der Blick von der Terrasse auf die Skyline der Stadt. Vor allem im Sommer einer der Szenetreffs.

63 [N4] **Urban Espresso Bar,** Botersloot 44a, www.urbanespressobar.nl, Tel. 010 2130768, Di.–Sa. 9–17.30, So.–Mo. 11–17.30 Uhr. Manche halten den Kaffee für besonders empfehlenswert – so wie die Kuchen und getoasteten Sandwiches. Eine Schiefertafel verweist auf täglich frische Suppen und Salate.

ROTTERDAM AM ABEND

Rotterdam ist eine Stadt der Jugend. Das spürt man auch abends, wenn die Stadt vor Lebenslust vibriert. Vor allem an den Wochenenden drängen sich Tausende in den Klubs, in Konzerthallen und Kunstkellern, Szenebars und Kinos, Diskotheken und Spielhallen. Leicht kann man sich so die Nächte um die Ohren schlagen.

Mehr als die Hälfte der Bevölkerung Rotterdams ist unter 40 Jahren, was in Kunst und Kultur seinen Niederschlag findet. Fast jeder zweite Bürger Hollands geht inzwischen, statistisch betrachtet, mindestens einmal jährlich in ein Popkonzert, wodurch sich der **Bau immer neuer Konzerthallen** erklärt. Ahoy Rotterdam (s. S. 39) heißt das Aushängeschild der Stadt, eine Arena mit bis zu 30.000 Plätzen. Wann immer Weltstars sich heute für einen Auftritt in den Niederlanden entscheiden, geben sie in Rotterdams Ahoy ihr Gastspiel – nicht in Amsterdam oder sonstwo im Land. Auch die Tenniscracks der Welt sind hier gern zu Gast, ebenso wie zum Jahresanfang die schnellsten Radfahrer beim traditionellen Sechstagerennen. Und auch das renommierte North Sea Jazz Festival (s. S. 13) hat hier inzwischen eine neue Heimat gefunden.

Eine der schönsten **Bühnen Rotterdams** ist das neue Luxor Theater (s. S. 39) am Fuß der Erasmusbrücke ㉔. Seine Musical-Inszenierungen genießen inzwischen auch außerhalb der Niederlande Reputation. Mindestens 600 Veranstaltungen gehen im Konzert- und Kongresszentrum De Doelen (s. S. 39) jährlich über die Bühne – und die Rotterdamse Schouwburg (s. S. 39) mit ihren drei Hallen präsentiert neben Tanz und Klassik vor allem auch zeitgenössisches Theater. RO Theater (s. S. 39) heißt ein anderes kulturelles Aushängeschild der Stadt, eine auch international renommierte Theaterkompagnie, deren Gastspiele geschätzt werden.

Das Theaterspielen hat in Rotterdam übrigens eine lange Tradition. Schon 1774 wurde das erste eigens als Theater errichtete Gebäude in Betrieb genommen und bespielt. Auch musikalisch hatte die Stadt immer einen guten Ruf, galt Rotterdam doch schon im 19. Jahrhundert als das musikalische Zentrum der Niederlande.

Ihrer **vielfältigen Klubszene** verdankt die Stadt heute ihren Ruf als Hollands Partyhochburg. Jedes Wochenende kommen so Heerscharen junger Leute aus dem ganzen Land zum Feiern ins „Manhattan

▲ *Beliebt bei Nachtschwärmern: Rotterdams Innenstadt*

▲ *Wahrzeichend der Stadt: Erasmusbrücke ㉔ am Abend*

▲ *Im Lichterzauber: Hochhäuser am Boompjes*

an der Maas". Zu den spektakulärsten Feierstätten gehört der Maassilo (s. S. 39), ein Verbund alter Speicheranlagen. Catwalk (s. S. 37), ein anderer Hotspot, ist in einem ehemaligen Fußgängertunnel zu Hause, Off Corso (s. S. 38) in einem alten Kinogebäude. Gleich mehrere Dancefloors zählt die Hollywood Music Hall (s. S. 38) – und im Baja Beach Club (s. S. 37) ist fast jeden Tag Party. Salsafreunde kommen im Latino-Club La Luna (s. S. 38) auf ihre Kosten – und Elektropopper zieht es in eine ehemalige Fleischfabrik weit außerhalb des Zentrums, wo der unkonventionelle Klub Herr Zimmerman (s. S. 38) zu Hause ist. Mit Watt (Extratipp s. S. 62) schließlich hat die Stadt seit Kurzem eine viel beachtete Öko-Disco, in der die Gäste mit ihren Tanzschritten Energie erzeugen, die entfesselten Kräfte einer Party sozusagen nachhaltige Wirkung zeigen können.

Besonders groß geschrieben wird in Rotterdam das „Club-Hopping". Vor allem im Sommer verbringt man nicht den ganzen Abend an einem Platz, sondern zieht von einem Ort zum anderen. Kein Wunder, dass die Zahl der **Cocktailbars und Nightspots** hier größer ist als in anderen vergleichbaren Städten. Fast alle haben ihren eigenen Charakter, ihre spezielle musikalische Farbe und damit auch ihr individuelles Publikum. Und auch die Alternativszene hat mit Klubs wie z. B. dem Rotown (s. S. 38) ihre speziellen Adressen. Jazzfreude wiederum sind im Jazz-Café Dizzy (s. S. 38) bestens aufgehoben, wo jeden Montagabend Jam-Session ist. Größter Publikumsmagnet für alle Vergnügungssüchtigen aber ist das Holland Casino Rotterdam (s. S. 36), eine Spielhölle mit Automaten und Pokertischen, Roulette und Black Jack.

BARS UND BISTROS

❶**67** [N4] **Boudoir,** Meent 65a, Tel. 010 2400556, www.boudoirrotterdam.nl, tgl. ab 17 Uhr. Restaurant und Bar in der City, an deren langer Theke sich man gern nach Dienstschluss zu einem Absacker trifft. Hip und trendy.

❶**68** [M4] **Dado,** Kruiskade 55, Tel. 010 4113897, www.dado-rotterdam.nl, Mo.–Di. 11.30–20, Mi.–Sa. 11.30–5, So. 12–5 Uhr. Mit viel Tageslicht und WLAN punktet die Bistro-Bar tagsüber, abends mit Comedy, Livemusik oder anderen Attraktionen.

❶**69** [M5] **DP96,** Witte de Withstraat 96, Tel. 010 4330488, Di. 17–1, Mi. 17–2, Do. 17–3, Fr./Sa. 15–4, So. 15–2 Uhr. Salsa-Musik und südamerikanische Rhythmen dominieren in diesem Club, der auf ein junges und jung gebliebenes Publikum setzt.

❶**70** [M5] **De Witte Aap,** Witte de Withstraat 78, www.dewitteaap.nl, Tel. 010 4149565, tgl. ab 13 Uhr. Kenner schwören auf die kleine Bar, zu der auch eine kleine Galerie gehört. Studenten und Kunstschaffende treffen sich hier gern auf einen Absacker.

EXTRATIPP

Kasino für Glücksritter

Nur ein paar Schritte vom Hauptbahnhof befindet sich das Holland Casino Rotterdam, das mehr als 800.000 Besucher jährlich zählt. Eine Spielhölle mit Automaten und Pokertischen, Roulette und Black Jack. Wer hier den Abend verbringen will, sollte allerdings mindestens 18 Jahre alt sein und einen gültigen Ausweis mit sich führen.

❶**74** [L4] **Holland Casino Rotterdam,** Weena 629, Tel. 010 2068206, www.hollandcasino.nl, tgl. 12–3 Uhr

🔴**71** [O4] **Elit**, Wijnhaven 3a, Tel. 010
2131766, www.elitrotterdam.nl, Di.–So.
ab 17 Uhr. Populäre Cocktailbar, deren
Karte fast hundert verschiedene
Mixgetränke ausweist – vom klassischen
Mojito bis zum Singapore Sling.

🔴**72** [N4] **Soho**, Pannekoekstraat 53a,
www.sohobar.nl, So.–Mi. 12–1, Do.–Sa.
12–2 Uhr. Die Soho-Bar gilt als Cocktail-
Hotspot. Die professionellen Barmixer
arbeiten ausschließlich mit frischen Pro-
dukten. Abhängen bei feinster Lounge-
musik – im Sommer auf der Terrasse.

🔴**73** [M6] **Café-Wijnbar Wereldmuseum**,
Willemskade 25, www.wereldmuseum.
nl, Di.–Do./So. 10–24, Fr./Sa. 10–1
Uhr. Stilvolle und gemütliche Klubatmo-
sphäre: Chesterfieldsessel und Desig-
nerlämpchen. Da mundet der Rotwein
ebenso gut wie ein Latte macchiatto.

▲ *Rotown (s. S. 38): tagsüber Café,
abends Tanzclub*

KLUBS, DISCOS UND CO.

🔴**75** [L3] **Apres Skihut**, Delftsestraat
21–23, www.deapresskihut.nl, Tel. 010
4137108, Sa. 22–5 Uhr. Ein bisschen
Ballermann in Rotterdam: Singen, Tanzen,
Trinken! Die große „Après-Skihütte" hat
eine Dependance am Stadthuisplein 29,
wo täglich von 10–4 Uhr in der kleinen
Skihütte gefeiert werden kann.

🔴**76** [L4] **Baja Beach Club**, Karel Doormanstraat 10–12, Tel. 010 2131180,
www.baja.nl, Fr.–So. 22.30–5 Uhr (im
Winter sonntags geschlossen). Partyklub
in Bahnhofsnähe: Sich von Bikinimäd-
chen oder Muskelboys in Badehosen be-
dienen lassen und echtes Beachfeeling
zwischen Palmen genießen.

🔴**77** [L4] **Catwalk**, Weena Zuid 33, www.
catwalkclub.eu. Der in einem ehemaligen Fußgängertunnel beheimatete
Musikklub gibt sich gern kosmopoli-
tisch. Das spiegelt auch die Musik, die
allabendlich wechselt: mal House, mal
Techno, mal Salsa …

⊖**78** [G6] **Herr Zimmerman,** Van Helmont-straat 17–23, Tel. 015 2144699, www.herzzimmerman.eu. Populärer Technoklub in einer ehemaligen Schlachterei, der nur gelegentlich Partys veranstaltet. Die aber haben es in sich, deshalb immer einmal einen Blick auf die Webseite werfen!

⊖**79** [M3] **Hollywood Music Hall,** Delftse-straat 15, Tel. 010 4114958, www.hmh.nl, Do.–Sa. 22–5 Uhr. Spektakuläre Lasershows, Go-go-Girls, wummernde Bässe, exotische Bars – die Hollywood Music Hall ist eine riesige Nightlifearena mit sieben Tanzbühnen. Raver und Technofans kommen hier ebenso auf ihre Kosten wie die Freunde von House und Pop.

⊖**80** [M4] **Off Corso,** Kruiskade 22, Tel. 010 4113897, www.off-corso.nl, Do.–Sa. 23–5 Uhr. Ein altes Kino ist Hort ausgelassener Partys. Hunderte meist junger Leute tanzen hier zu House, Lounge oder Disco-Klassikern. Öfter auch Livemusik.

⊖**81** [L5] **Club La Luna,** Mauritsweg 46, www.clublaluna.nl, Fr. 23–4.30, Sa. 22–5 Uhr Samba, Bacchata, Merengue – und natürlich Salsa. Südamerikanische Lebensfreude im Herzen Rotterdams. Wer will, kann wochentags die

EXTRATIPP

Montags ist Jam-Session

⊖**85** [K5] **Jazzcafé Dizzy,** 's-Gravendijkwal 127, Tel. 010 4773014, www.dizzy.nl, Mo.–Do. 12–1, Fr. 12–2, Sa. 16–2, So. 16–23 Uhr. Fotos von Jazzmusikern zieren die Wände, bunte und schwarz-weiße Bilder. Seit 1977 ist Dizzy unter Musikfreunden ein Begriff. Viermal wöchentlich Livemusik: montags eine Jamsession, donnerstags gastieren Singer-Songwriter, sonntags gibt es Brasilianisches, Soul oder Worldmusic. Am meisten ist dienstags los, wenn mehr oder weniger bekannte Musiker abends zu Gast sind. Wer Hunger hat: Lunch und Dinner offeriert eine Schiefertafel, auch den einen oder anderen kleinen Happen.

Tanzstunden im Klub besuchen. Samstags meist Livebands.

⊖**82** [L5] **Rotown,** Nieuwe Binnenweg 17–19, Tel. 010 4362669, www.rotown.nl, So.–Mi. 11–2, Do. 11–3,

022rd Abb.: gs

Fr./Sa. 11–4 Uhr. Tagsüber ein Café-Restaurant, das für seine Kuchen und Sandwiches bekannt ist, abends – meist am Wochenende – ein beliebter Tanzschuppen. Hin und wieder sind Liveacts zu Gast– Gruppen wie die Wombats oder Franz Ferdinand.

83 [M5] **Tiki Bar,** Hartmanstraat 16a, Tel. 010 2019576, www.tikis.nl, Di.–Do. 15–1, Fr. 15–2, Sa.16–2 Uhr. Tropisches Ambiente, Bambus und viel Grün: Hawai-Feeling mitten in Rotterdam – auch musikalisch.

84 [L4] **WATT,** West Kruiskade 26–28, Tel. 010 2179199, www.watt-rotterdam.nl, Di.–Sa. 17–22 Uhr. Gleich mehrere Bühnen zählt der Musiktempel in der Innenstadt, der ganz auf Umweltverträglichkeit setzt (s. S. 62 Extratipp).

THEATER UND KONZERTHALLEN

86 [N11] **Ahoy,** Ahoyweg 10, Tel. 010 2933300 (Kasse: Tel. 0900 2352469), www.ahoy.nl. Landesweit bekannte Multifunktionshalle mit bis zu 30.000 Plätzen. Sportliche Großveranstaltungen wie Tennisturniere oder Sechstagerennen finden hier ebenso statt wie Messen und Ausstellungen, Jazz-Festivals oder Rockkonzerte.

87 [L4] **De Doelen,** Schouwburgplein 50, Tel. 010 2171717, www.dedoelen.nl. Konzert- und Kongresszentrum in Bahnhofsnähe. Drei große Säle bieten Raum für Theater und klassische Konzerte, Jazz, Pop- und Rockmusik. Da alle Räume auch gemeinsam genutzt werden können, ist De Doelen gern auch Ort großer Tagungen und Kongresse.

88 [S5] **Hal 4 Rotterdam,** Watertorenweg 200, www.hal4.nl, Tel. 010 4126031. Jugendbühne im Stadtteil Kralingen. In der 400 Quadratmeter großen, alten Maschinenhalle ist vor allem Neues und Experimentelles zu Hause: moderne Kultur aus aller Welt.

89 [O8] **Maassilo,** Maashaven Zuidzijde 1–2, www.maassilo.com, Tel. 010 4762452. Drei alte Speicher fungieren heute als moderne Eventlocation. Im größten der neuen Silo-Säle haben über 2400 Gäste Platz. Idealer Ort für Partys und Feiern, für Kongresse und andere gesellschaftliche Veranstaltungen.

90 [O7] **Neues Luxor Theater,** Posthumalaan 1, 3072 Rotterdam, Tel. 010 4960162, www.luxortheater.nl. Rotterdams jüngste große Theaterbühne, die sich auf Musicals und Musikinszenierungen spezialisiert hat. Fast täglich Programm.

91 [M5] **RO Theater,** William Boothlaan 8, Tel. 010 4047070, www.rotheater.nl. Des RO Theater zählt zu den drei größten niederländischen Kompagnien zählt. Seine Inszenierungen genießen zum Teil internationales Renommee.

92 [L4] **Rotterdamse Schouwburg,** Schouwburgplein 25, Tel. 010 4118110 (Theaterkasse: 12–19 Uhr), www.rotterdamseschouwburg.nl. Theater- und Konzertbühne in der Stadtmitte. Zirkus und Tanzgruppen sind hier ebenso zu Hause wie Puppentheater und Opernensembles.

93 [K7] **Theater Maatwerk,** Willem Buytewechstraat 42, Tel. 010 2763039, www.theatermaatwerk.nl. Gerade einmal 90 Plätze hat das kleine Theater mit seinem guten Dutzend Akteuren. Die haben sich auf Tanz- und Kindertheater spezialisiert, im Sommer auch auf Straßenaktionen.

94 [O10] **Theater Zuidplein,** Zuidplein 60–64, www.theaterzuidplein.nl, Tel. 010 2030203. Comedy und Volkstheater stehen hier auf dem Programm.

◄ *Im Jazzcafé Dizzy gibts viermal in der Woche Livemusik*

Bekannt ist das Theater auch für seine nachmittäglichen Aufführungen, die sich an Senioren mit kleinem Budget wenden.

⟳95 [N8] **Theater Walhalla,** Sumatraweg 9–11, Tel. 010 2152134, www.theaterwalhalla.nl. Kleines Theater für Nachwuchskünstler – ein inzwischen sehr populäres Musikhaus, das aus einer Bürgerinitiative hervorgegangen ist.

ROTTERDAM FÜR KUNST- UND MUSEUMSFREUNDE

Kunst und Kultur werden in Rotterdam immer größer geschrieben. Sie sind entscheidend für den Imagewandel der Stadt, die längst nicht mehr nur als Industrie- und Hafenmetropole wahrgenommen wird. Mit dem North Sea Jazz Festival (s. S. 13), dem weltweit größten Jazzfestival, und anderen Events (s. S. 12), die Jahr für Jahr Hunderttausende, vor allem junge Menschen anziehen, hat sich Rotterdam auf Europas großem Kulturkalender bestens positioniert. Tage, wenn nicht gar Wochen, könnte man in den vielen Museen und Sammlungen der Stadt verbringen, die fast für jeden etwas bieten. Besonders auf ihre Kosten kommen Freunde moderner Kunst und Architektur. Aber auch wer sich für See- und Schifffahrtsgeschichte interessiert, ist in der Stadt mit Europas größtem Hafen bestens aufgehoben.

Rotterdams wichtigste Museen konzentrieren sich auf engstem Raum rund um den Museumpark ⓫. Hier finden sich das Niederländische Architektur-Institut (NAI) ⓭, die Kunsthalle ⓮ und das Museum Boijmans Van Beuningen ⓬. Es ist der renommierteste Kunsttempel der Stadt, der seine Reputation der **Sammelleidenschaft niederländischer Bürger** verdankt. In Rotterdam war die schon immer größer als in Amsterdam oder den großen flandrischen Metropolen. Schon im 18. Jahrhundert verfügte die Stadt Rotterdam so über zahlreiche Handschriften- und Münzsammlungen, über berühmte Bibliotheken und zwei Gemäldekabinette.

Viel Wert legt man in Rotterdam heute auf die Kunst der Moderne und auf die **Kultur der Gegenwart,** die sich in Videos und spektakulären Installationen zeigt. In Inszenierungen auch, die nicht immer leicht verständlich sind. Das gilt ebenso für die Architektur, die seit 1984 im Niederländischen Architektur-Institut (NAI) dokumentiert wird. Alle zwei Jahre gar mit einer eigenen Biennale (die nächste Ende 2011), die städtebauliche Entwicklungen in aller Welt ebenso würdigt wie Meisterleistungen moderner Baukunst.

Nicht zu übersehen ist in Rotterdam die **Kunst im öffentlichen Raum.** Überall im Stadtgebiet trifft man auf Skulpturen und Denkmäler, die von der „International Beelden Collectie" (IBC) – oder englisch „Sculpture International Rotterdam" (SIR) – betreut und verwaltet werden. Zu den mehr als 50 öffentlich präsentierten Werken gehören nicht nur Rotterdams ältestes Denkmal, die Erasmus-Statue ❾ vor der Laurentiuskirche ❽, sondern auch moderne Skulpturen von Pablo Picasso, Auguste Rodin oder Henry Moore. Wer will, kann sich auf der Webseite der Institution (www.sculptureinternationalrotterdam.nl) alle Kunstwerke schon einmal in Ruhe zu Hause ansehen und sie bei seinem Citytrip gezielt aufsuchen.

Schon in den ersten Nachkriegsjahren hatte Rotterdam mithilfe privater Mäzene die eine oder andere Fläche der Stadt mit Kunst bereichert und so für Abwechslung im Stadtbild gesorgt. Zu den ersten Skulpturen gehörte „De Verwoeste Stad" („Die zerstörte Stadt") des russischen Künstlers Ossip Zadkine, die an das Leid des Krieges erinnern sollte. Das Denkmal am Wijnhaven gilt noch immer als das **wichtigste Kriegsdenkmal der Stadt.** Das Loch in der Bronzearbeit soll das tiefe Loch symbolisieren, das die Deutschen mit der Bombardierung der Stadt in die Herzen der Einheimischen gerissen haben.

In den 1960er-Jahren kamen weitere Werke international renommierter Künstler hinzu – ein Projekt mit Hintergedanken. „**Skulpturen unter freiem Himmel**", hieß es damals in der Stadt, „erleichtern den spontanen Zugang zu bildender Kunst, gerade für diejenigen, die keine Museen besuchen. "So steht heute in Sichtweite des Museums Boijmans **12** eine fast acht Meter hohe Picasso-Skulptur.

Einen richtigen Boom bescherte der Kunst in der Öffentlichkeit das Jahr 2001, als sich Rotterdam als **Europäische Kulturhauptstadt** präsentierte und man vom Hauptbahnhof **1** Richtung Maas auf dem Westersingel **3** eine ganze Kulturmeile mit modernsten Skulpturen schuf. Eine Straße der Kunst sozusagen, die das ganze Jahr zum Bummeln lädt.

Waren die ersten Kunstwerke noch stark vom Friedensgeist der Nachkriegszeit geprägt, von der Erinnerung an die Toten und das Leid der Bombardierung, zeigen sich die jüngeren bunter und auch provokanter. So löste ein Bronze-Nikolaus, der heute auf dem Eendrachtsplein steht, einen der größten **Kunstskandale** der Niederlande aus (s. S. 64 Exkurs).

Ganz im Kontrast zu den modernen Kunstwerken stehen die vielen **Industriedenkmäler,** die alten Schiffe und maritimen Sammelstücke, die an die alte Industrie- und Hafenstadt erinnern. Sie lassen jene Zeit Revue passieren, die einst das Image Rotterdams bestimmte. So ist ein Bummel entlang des Leuvehafens, wo sich heute historische Krananlagen neben Museumsschiffen finden, wie ein Ausflug in längst vergessene Zeiten.

▲ *Rotterdams öffentliche Kunstmeile: der Westersingel* **3**

023rd Abb.: gs

MUSEEN UND GALERIEN

96 [M5] **Galerie Mama,** Witte de Withstraat 29–31, Tel. 010 2332022,
www.showroommama.nl, Mi.–So. 13–
18 Uhr. Mama versteht sich als Ausstel-
lungshalle und Verkaufsraum für junge
Künstler zwischen 16 und 26 Jahren.
Visuelle Kunst und Popart stehen im
Mittelpunkt.

15 [M5] **Hafenmuseum.** Die Institution gilt
als größtes kulturhistorisches Museum
der Niederlande, ein Freiluftmuseum von
Weltrang.

97 [O4] **Schau-Kubus (Museumshaus),**
Overblaak 70, Tel. 010 4142285,
www.kubuswoning.nl, tgl. 11–17 Uhr,
2,50 €. Die Kubushäuser **18** sind ein
weltweit berühmtes Architekturensemb-
le neben dem Bahnhof Blaak. Eines der
Häuser ist als Museum eingerichtet und
mit Möbeln ausgestattet.

14 [L6] **Kunsthalle Rotterdam.** Architektonisch beeindruckende Halle. Viele, zum
Teil Schlagzeilen machende Wechselausstellungen aller Kunstrichtungen.

12 [L5] **Museum Boijmans Van Beuningen.** Meistbesuchtes Rotterdamer
Museum, Hort alter und neuer Meister.

98 [L5] **Museum Hendrik Chabot,**
Museumpark 11, Tel. 010 4363713,
www.chabotmuseum.nl, Di.–Fr. 11–
16.30, Sa. 11–17, So. 12–17 Uhr,
6,50 €. Eine weiße Villa beherbergt
die Werke des niederländischen Malers und Bildhauers Hendrik Chabot,
neben expressionistischen Gemälden,
Zeichnungen und Grafiken auch einige
Skulpturen.

17 [M5] **Schifffahrtsmuseum (Maritiem
Museum).** Niederländische Schifffahrtsgeschichte in Zeichnungen, Gemälden,
Karten, Drucken, Modellbooten und anderen Exponaten ...

99 [I6] **Museum Dubbelde Palmboom,**
Voorhaven, Delfshaven, Tel. 010
4761533, www.hmr.rotterdam.nl, Di.–
So. 11–17 Uhr. Im alten Hafenviertel
erzählt das Museum vom täglichen Leben und der Arbeit in der Region. Stadtgeschichte auf mehreren Etagen mit
kleinem Café im obersten Stock.

🏛100 [N4] **Nationales Schulmuseum (Nationaal Onderwijsmuseum),** Nieuwe Markt 1, www.onderwijsmuseum.nl, Tel. 010 2170370, Di.–Sa. 10–17, So. 13–17 Uhr, 2 €. Vom späten Mittelalter bis heute dokumentiert das kleine Museum in der ehemaligen Stadtbibliothek die Geschichte der Erziehung. Blickfang sind einige komplett eingerichtete Klassenräume.

⓭ [L5] **Niederländisches Architektur-Institut (NAI).** Größtes Architekturmuseum der Welt. Zum Museum gehört auch das Haus Sonneveld, eine alte Luxusvilla.

🏛101 [N7] **Niederländisches Fotomuseum,** Las Palmas-Gebäude, Wilhelminakade 332, www.nederlandsfotomuseum.nl, Tel. 010 230405, Di.–Fr. 10–17, Sa./So. 11–17 Uhr, 7 €. Das Museum gilt als Mekka aller Fotofreunde. Angesehen sind die vielen Wechselausstellungen nationaler und internationaler Fotokünstler. Zum Schatz des Museums gehören mehr als drei Millionen Fotografien.

🏛102 [M6] **Niederländisches Museum für Zölle und Steuern (Belasting & Duane Museum Rotterdam),** Parklaan 14–16, Tel. 010 4400200, www.bdmuseum.nl, Di.–So. 11–17 Uhr, Eintritt frei. Von Fahrradsteuern, wie sie die Niederlande in den 1920er-Jahren erhoben, und anderen Abgaben erzählt das kleine, in zwei städtischen Häusern untergebrachte Museum. Auch von kleinen Schmugglern, die Alkohol und Tabak einst im Sattel oder Schutzblech ihrer Drahtesel versteckten.

🏛103 **Niederländisches Militärisches Küstenverteidigungsmuseum in Hoek van Holland,** Stationsweg 82, Hoek van Holland, www.forthvh.nl, Tel. 0174 382898, jedes erste Wochenende im Monat 13–16 Uhr, 5,50 €. Zu erobern

◄ *Das Museum Hendrik Chabot sieht einladend aus*

Museen, die mit einer magentafarbenen Nummer (**16**) als Hauptsehenswürdigkeit ausgewiesen sind, werden im Kapitel „Rotterdam entdecken" ausführlich beschrieben. Dort finden sich auch alle praktischen Informationen wie Adresse, Öffnungszeiten usw.

ist ein altes Fort, das innen noch immer so aussieht wie vor mehr als 100 Jahren. Interessant ist ein Versammlungsraum, in dem das niederländische Kabinett im Krieg tagte.

🏛104 [O4] **Museum der Marines,** Wijnhaven 7–13, Tel. 010 4129600, www.defensie.nl, Di.–Fr. 10–17, Sa.–So. 11–17 Uhr. Das von der Niederländischen Marine unterhaltene Museum mit über 50-jähriger Tradition erinnert an die Geschichte der Marines – an gute und schlechte Zeiten.

🏛105 [L6] **Naturhistorisches Museum,** Westzeedijk 345 (Museumpark), Tel. 010 4364222, www.nmr.nl, Di.–Sa. 10–17, So. 11–17 Uhr, 4 €. Natur und Naturgeschichte sind die Themen in der alten Villa neben der Kunsthalle. Fossilienfunde neben ausgestopften, exotischen Tieren. Vor allem Kinder sind hier gern gesehene Gäste.

🏛106 **Museum Rockart (Rock & Art Hall of Fame Holland),** Zekkenstraat 42, Hoek van Holland, Tel. 0174 384103, www.rockart.nl, Do.–Sa. und erster Sonntag im Monat 13–17 Uhr, 3,50 €. Holland als Pop- und Rockland. Das Ende 2004 eröffnete Museum erzählt die Geschichte der heimischen Hits – von den Golden Earrings („Radar Love") bis zu den Songs von heute. Rockart verkörpern moderne Gemälde.

🏛107 [N6] **Rotterdam Port Experience,** Willemsplein 73–79, Tel. 010 4130004, www.rotterdamportexperience.nl, Di.–So. 10–16.30 Uhr, 13,50 € (Rabatte

beim Buchen einer Hafenrundfahrt).
Interaktives Museum, das die Wartezeit
auf die Hafenrundfahrt vertreiben soll.
Viele Touchscreens und Computerspiele,
die Europas größten Hafen neu zu entdecken helfen.

❼ [M4] **Schielandshuis (Historisches
Museum).** Rotterdams historisches Mu-
seum erinnert an die Vergangenheit der
Stadt. Das Ticket hat auch im Museum
De Dubbelde Palmboom in Delfshaven
Gültigkeit.

🏛 **108** [M5] **TENT Rotterdam.** Witte de Withstraat 50, Tel. 010 4135498,
www.tentrotterdam.nl. Di.–So. 11–18
Uhr, 3 € (Kombiticket mit Witte de With
im gleichen Haus). Visuelle Kunst auf
1000 Quadratmetern Ausstellungsfläche
in einem alten Schulgebäude. Die Film-
abende erfreuen sich großer Beliebtheit.

❯ **Weltmuseum (Wereldmuseum)**
(s. S. 81). Neu renoviert präsentiert das
Museum Volkskunst aus Ozeanien und
anderen exotischen Regionen.

🏛 **109** [M5] **Zentrum für Gegenwartskunst
Witte de With,** Witte de Withstraat 50,
Tel. 010 4110144, www.wdw.nl, Di.–So.
11–18 Uhr, 4 €. Das 1990 installierte
Kunstzentrum fühlt sich allen zeitgenös-
sischen Kunstströmungen verpflichtet,
vor allem auch radikalen Positionen.
Seinen guten Ruf verdankt es unter
anderem seinen politisch motivierten
Ausstellungen.

024rd Abb.: gs

ROTTERDAM ZUM TRÄUMEN UND ENTSPANNEN

Das „Manhattan an der Maas" ist keine Betonwüste. Immer wieder stoßen Flaneure auf kleine grüne Lungen: auf Plätze und Parks, die zum
Verweilen laden. Auf grüne Inseln,
die bewusst geschaffen wurden. So
entschieden sich die Städteplaner
beim Wiederaufbau nach dem Zweiten Weltkrieg, Wohnraum in immer
höheren Häusern zu schaffen, dazwischen aber stets mehr Platz zu lassen. Ein Konzept, dem man sich auch
heute noch verpflichtet fühlt. So wollen Statistiker mehr als eine halbe
Million Bäume in Rotterdam gezählt
haben, ohne die Sträucher und vielen Blumenbeete.

Rotterdam nennt sich selbst gern
die grünste Stadt der Niederlande.
Mehr als 75 Quadratkilometer um-
fassen die Parks und öffentlichen
Gärten, die grünen Lungen der Stadt.
Sie sollen mithelfen, die Kohlendi-
oxid-Emissionen in den nächsten Jahren weiter zu reduzieren. Bis 2025,
so haben sich die Stadtväter vorge-
nommen, sollen die Schadstoffe um
mehr als die Hälfte gegenüber dem
Jahr 1990 reduziert sein.

Einfach nur „Der Park" (Het Park)
nennen die Einheimischen eine ihrer
schönsten Grünanlagen in der Innenstadt, die sich zu Füßen des Euromast **㉒** an das Ufer der Maas
schmiegt. Jogger nutzen sie gern, Ver-

◀ *Neben Kunst und Gebrauchs-*
gegenständen werden im
Weltmuseum (Wereldmuseum)
auch Filme gezeigt

liebte fast Tag und Nacht – und Hundefreunde, die hier ihre Vierbeiner ausführen. Und auch als Picknickstätte wird der Park geschätzt. Am meisten aber ist los, wenn unter den großen Bäumen Konzerte stattfinden und sich der Park in **Rotterdams größte Freiluftarena** verwandelt.

Die im 19. Jahrhundert angelegte Grünanlage **im klassischen Stil englischer Landschaftsarchitektur** liegt in Sichtweite des wichtigsten niederländischen Krankenhauses, der Klinik der Erasmus-Universität. Im Park selbst befindet sich neben der 1914 erbauten Seemannskirche, die der norwegische Staat Rotterdam einst schenkte, auch das Haus Parkzicht. Früher diente es als Offizierskasino,

▲ Herrenhaus im Park – Rotterdam bietet grüne Oasen inmitten der Stadt

Nachtklub und Diskothek. So stand hier die Wiege niederländischer Hardcore Housemusic, charakterisiert durch schnelle Bassdrums.

Immer einen Rundgang wert ist auch der **Museumpark ⑪**, der ja nicht nur den wichtigsten Museen der Stadt Platz bietet, sondern auch zur Rast auf einer seiner Bänke lädt – zum Auftanken vor dem nächsten Museumsbesuch sozusagen. Gegenüber den großen Parks an den Stadträndern aber wirkt der Museumpark wie David neben Goliath.

Der **beliebteste Park bei den Einheimischen** ist der **Kralingse Bos** (Metro: Voorschoterlaan). Er ist Rotterdams größte städtische Grünanlage, die sich im Nordosten der Stadt um einen großen See schmiegt. Kilometerlang sind die Rad-, Reit- und Wanderwege hier, sogar ein Informationszentrum gibt es. Im „Groenen Inval" (Langepad 63, Tel. 010 24197, Di.–Fr. 9–16, So. 10–16 Uhr) hält man

Arboretum Trompenburg

Als Hendrik Wachter 1825 um sein Sommerhaus einen Garten anlegen ließ, ahnte er sicher nicht, dass er damit den Grundstein für einen der schönsten botanischen Gärten Hollands legen sollte. Heute genießt der gut sieben Hektar große Baum- und Pflanzenpark internationale Popularität, gehört seine Rhododendrensammlung zu den interessantesten Europas. Beachtenswert sind auch die große Kakteensammlung sowie zahlreiche Wasserpflanzen und die vielen wertvollen Buchen und Eichen, die Brautpaare gern als Kulisse für ihre Hochzeitsfotos wählen.

1958 wurde der Park, der bis dahin in Privatbesitz war, in eine Stiftung umgewandelt und damit der Öffentlichkeit zugänglich gemacht. Heute finden sich im Arboretum Trompenburg mehr als 3500 verschiedene Bäume, Sträucher und andere Pflanzen. Viele sind mit kleinen Schildern versehen, die Auskunft über ihren wissenschaftlichen Namen und ihre Herkunft geben.

●110 [R4] **Arboretum Trompenburg,** Honingerdijk 86, Tel. 010 2330166, www.trompenburg.nl, April–Oktober: Mo.–Fr. 9–17 Uhr, Sa.–So. 10–16 Uhr, November–März: So. 12–16 Uhr, 5 € (Kinder bis 12 Jahre frei), Zugang: vom Zentralbahnhof mit Tram 21 bis Woudestein

Reitsportveranstaltung. Besondere Popularität erlangte der Park im Sommer 1970, als hier Bands wie Jefferson Airplane, Santana und Pink Floyd gastierten und das **Holland Pop Festival** als Europas Antwort auf das Woodstock Festival galt.

Das Gegenstück zum Kralingse Bos im Norden ist der **Zuiderpark** (Metro: Zuidplein) im Süden, wo sich Kinder-Spielplätze ebenso finden wie Ballspielarenen für die Älteren. Pflanzenfreunde sollten auf alle Fälle im **Arboretum Trompenburg** vorbeischauen, einem der schönsten botanischen Gärten der Niederlande.

Kartenmaterial bereit, das den Weg durch den Park und zum Seestrand weist, an dem sich im Sommer Jung und Alt treffen. Am Südostufer findet sich auch eine alte Windmühle namens De Ster: eine restaurierte Schnupftabak- und Getreidemühle aus dem Jahr 1740.

Einmal im Jahr übrigens kommen im Kralingse Bos die besten Spring- und Dressurreiter der Welt zu einem Turnier zusammen, Hollands größter

AM PULS
DER STADT

003rd Abb.: gs

Kaum eine andere europäische Groß-stadt hat sich in den letzten Jahr-zehnten so stark gewandelt. An allen Ecken wurde gebaut, renoviert, Altes durch Neues ersetzt. Am linken und rechten Ufer der Neuen Maas, genau betrachtet an einem alten Rheinarm, entstanden ganz neue Stadtteile wie das Lloydkwartier oder der Wilhelmi-na-Pier **25**, Viertel, in denen man le-ben, wohnen und seine Freizeit ver-bringen kann. Neue urbane Zentren, die Architekten und Städteplanern in-zwischen auch anderswo als Vorbild dienen. Während Europas Metropolen meist mit historischen Bauten überla-den sind, mit Romanik, Gotik und Ba-rock an die Vergangenheit erinnern, verweist Rotterdam mit schwindeler-regenden Wolkenkratzern, atembe-raubender Architektur und Kunst in die Zukunft. Fast nirgends sonst in Eu-ropa findet die Moderne ein so großes öffentliches Forum.

DAS ANTLITZ DER METROPOLE

Rotterdam ist eine junge Stadt – eine von ungeheurem Wachstum auch. So kratzt die Einwohnerzahl des Groß-raums inzwischen an der Millionen-grenze, gehört die Region Rotterdam zu den am dichtesten besiedelten Gebieten der Niederlande. Den Wirt-schaftsboom verdankt Rotterdam vor allem öffentlichen und privaten Dienstleistern, Banken und Versiche-rungen, Logistik- und Transportmak-lern, bei denen ein Großteil der rund 300.000 Beschäftigten ihr Geld ver-dient. Es sind im Durchschnitt jünge-re Arbeitnehmer als sonst im Land, die der Stadt in den letzten Jahren ein neues Gesicht gegeben haben. Dampfende Schlote und stinken-de Fabrikschornsteine finden sich kaum noch in Rotterdam, sodass Be-sucher längst nicht mehr wie früher über Dreck und Schmutz die Nase rümpfen müssen. Auch Kriminalität, Drogenmissbrauch, Glücksspiel und Prostitution sind dank neuer Polizei-taktiken und vorbeugender Rahmen-programme keine größeren Probleme mehr als in anderen niederländischen Metropolen auch.

► *Alte Hafenanlagen, an deren Kais neue Hochhäuser entstanden, prägen das Bild der Metropole*

◄ *Am Veerhaven schaut Zar Peter der Große auf die Erasmusbrücke*

Aus dem mittelalterlichen Dörfchen am Flüsschen Rotte, dem Rotterdam seinen Namen verdankt, ist Hollands umtriebigste Großstadt geworden. Eine **Metropole der Lebenslust**, die sich den lebendigsten Sommerkarneval Europas leistet. Eine Parade der guten Laune, die bei entsprechendem Wetter eine gute Million Menschen auf die Beine bringt. Und zu Tausenden sitzen die Einheimischen inzwischen vom späten Frühjahr bis in den frühen Herbst an den Kais ihrer alten Häfen, wo Cafés und Restaurants das Ambiente einer Gesellschaft bilden, die augenscheinlich sehr weltoffen ist.

Viele einst eigenständige Dörfer und Städte sind längst unter die Fittiche der neuen Metropole Rotterdam geschlüpft, zu der im Westen Delfshaven **31**, im Süden Feijenoord und im Osten Kralingen gehören. Mit 85.000 Einwohnern ist Prins Alexander der bevölkerungsreichste Stadtteil. Hinzu kommt ein Kranz eigener Viertel wie Overschie, Hillegersberg-Schiebroek, Kralingen-Crooswijk, Ijsselmonde, Noord oder Charlois, die ebenfalls zur Großstadt gehören. Auch Hoek van Holland, Rotterdams Sommerfrische und gut 30 Kilometer außerhalb der Kernstadt gelegen, gehört heute zum Stadtgebiet. Dagegen sind Schiedam **32**, Vlaardingen **33** und Maassluis selbstständig, ebenso wie andere kleine Gemeinden bis hin nach Dordrecht **36**, die alle zur **Großregion Rotterdam** mit knapp einer Million Einwohner zählen – zum Gebiet der Deltaregion (s. S. 51 Exkurs), die früher als Randstad bekannt war.

Noch aber ist die **Umwandlung der Stadt längst nicht abgeschlossen,** sind

027rd Abb.: gs

neue Projekte – wie die moderne Markt-halle gegenüber der Laurentiuskir-che ❽ – im Bau oder – wie ein riesiges Fußballstadion – in der Planung. Und auch die Hafenerweiterung wird nach wie vor viele Hundert Bauarbeiter jähr-lich beschäftigen. Noch viel Zeit wird gleichermaßen mit dem Umbau des neuen Hauptbahnhofs ❶ vergehen, der einmal der modernste Zugang in die Niederlande werden soll: erster Halt der neuen, **superschnellen Hoch-geschwindigkeitszüge** aus Richtung Brüssel auf holländischem Boden. Eine gute Eisenbahnstunde ist Rotter-dam künftig von Brüssel entfernt, gut zwei von Paris, drei von London und vier von Frankfurt – schneller ist der Reisende auch auf der Straße nicht.

Rotterdam zu Fuß zu erobern, ist kein Problem. Berge und Hügel feh-len und wenn es doch einmal nach oben oder unten geht, wie in der Met-ro oder im Kaufhaus, erleichtern Roll-treppen das Auf und Ab. Intelligente Auf- und Abstiegshilfen richten sich oft danach, ob einer von unten oder oben das Laufband betritt und wech-seln von der Berg- in die Talfahrt.

Fußfaulen bietet sich zudem das **Fahrrad** an, mit dem auch fast jeder dritte Einheimische inzwischen zur Ar-beit fährt. Überall stehen Parkplätze für die Drahtesel zur Verfügung, die man sich wie am Bahnhof auch für Stunden oder Tage leihen kann. Das Radeln erleichtern die vielen Fahrrad-wege, die sich kreuz und quer durch die Stadt ziehen – auch über Brü-cken oder durch Tunnel. Auch Metro und Straßenbahn haben ihre eigenen Gleiskörper, die ihnen ein rasches Fortkommen ermöglichen und den Rotterdamreisenden schnell und si-cher an sein Ziel bringen.

Kaum in den Blick, wenn man nicht gerade im Stau steht, fallen die

Autos. **Viele Dutzend Parkhäuser** und immer neue unterirdische Großgara-gen wie unter dem Museumpark ⓫ oder den Wolkenkratzern am Wilhel-mina-Pier ㉕ sind die Antwort der Stadtplaner auf das Parkchaos der 1990er-Jahre, als Rotterdam am parkplatzsuchenden Verkehr zu ersti-cken drohte.

Mit dem Hollandbild aus alten Ta-gen, mit Windmühlen, Holzschuhen, Käsebergen und Trachtenträgern hat das Rotterdam von heute nichts ge-meinsam. Das Antlitz der Stadt ist das der **Moderne**, die hier schon im-mer zu ihrer Form gefunden hat. So wurde mit dem Witte Huis schon zur Wende vom 19. ins 20. Jahrhundert der höchste Wolkenkratzer Europas geschaffen. Ein Art-nouveau-Bau, der noch heute am Alten Hafen ⓚ steht. Und auch das Großhandelsgebäude (Groothandelsgebouw) gegenüber dem Hauptbahnhof, das einmal Eu-ropas größtes Mehrzweckgebäude war, steht noch immer – inzwischen gar unter nationalem Denkmalschutz. Selbst Europas erste autofreie Ein-kaufsstraße, die 1953 in Dienst ge-stellte Lijnbaan ❺, lockt noch immer die Käufer.

Inzwischen aber setzen jüngere Wolkenkratzer wie die gerade fertig gewordenen Maastürme weitere Re-kordmarken, zeigt sich die Stadt mit ständig **neuen architektonischen Raffinessen.** Was vor hundert Jah-ren mit Bauten wie der Van Nelle Fabriek ㉙ oder dem Eigenheim ih-res Direktors im heutigen Museum-park ⓫, der Villa Sonneveld, seinen Anfang nahm, hat in spektakulären Wohnbauten wie den weltberühm-ten Kubushäusern ⓲ oder Bauten von Renzo Piano oder Norman Fos-ter auf dem Wilhelmina-Pier ㉕ seine Fortsetzung gefunden. Und auch die

RANDSTAD HEISST JETZT DELTAMETROPOLE

*Was den Deutschen das Ruhrgebiet ist den Niederländern die Deltametropole, eines der am **dichtesten besiedelten Gebiete Europas.** Dazu gehören eine Reihe historisch gewachsener Städte wie Amsterdam, Rotterdam, Den Haag, Utrecht, Haarlem, Dordrecht* **36** *, Almere, Zaanstad und Leiden. Eine Region mit über 6 Millionen Menschen, in der jeder zweite Euro der Niederlande verdient wird. Der größte Hafen und eine der wichtigsten Luftdrehscheiben Europas, der Flughafen Schiphol, bilden ihre logistische Plattform. Früher war die Region unter dem Etikett „Randstad" bekannt, an das noch immer der Name einer auch in Deutschland und Österreich bekannten Zeitarbeitsfirma erinnert.*

*Die Wirtschaftskraft der Deltametropole kommt nicht von ungefähr. Seit Jahrzehnten fördert die niederländische Regierung ganz gezielt hier den Ausbau der Logistik- und Verkehrsinfrastruktur. Hochleistungsfähige Glasfaserkabel haben alte Telefonleitungen ersetzt, Rotterdams Hafen ist einer der modernsten der Welt, Amsterdams Flughafen ist mit seinen vielen Landebahnen besonders umschlagstark und seit Kurzem mit neuen Trassen auch an das europäische Hochgeschwindigkeitsnetz der Eisenbahnen angebunden. Probleme machen die vielen **Flüsse und Polderlandschaften,** die nur mit kostspieligen Brückenbauwerken zu überwinden sind, vor denen sich die Autos in der Rush Hour jeden Werktag kilometerlang stauen. Politisch zerfällt die Deltametropole in drei Provinzen, mehr als 50 Gemeinden und mehrere Wasserwirtschaftsverbände. Zwar arbeiten in der „Vereinigung Deltametropole" inzwischen viele Gebietskörperschaften und Interessenverbände zusammen, noch immer aber wird nach Ansicht von Beobachtern zu wenig gemeinsam geplant und koordiniert.*

Erasmusbrücke **24** , die das Rotterdam rechts und links der Maas miteinander verbindet, ist mehr als ein zweckmäßiger Flussübergang.

In Stadtvierteln wie dem Lloydkwartier zeigt Rotterdam, was eine Großstadt ausmacht. In alten Fabriken, Lagerhallen oder Elektrizitätswerken haben junge Kreative neue Arbeitsplätze und Wohnraum gefunden, ergänzt durch Freizeiteinrichtungen wie Theatern, Restaurants und Diskotheken. Längst auch haben die **Trendsetter** Viertel in Beschlag genommen, die noch vor Jahrzehnten gemieden wurden – etwa die Witte de Withstraat, die heute als kulturelle Achse zwischen den alten Häfen und dem Museumpark dient. Tag und Nacht ist hier Betrieb, eine urbane Geschäftigkeit, wie sie nur großen Metropolen zu eigen ist.

Das alles hat eine **weitsichtige Stadtplanung** erleichtert, die nach der Bombardierung der Stadt 1940 die Bebauungsdichte von 55 auf 31 Prozent reduzierte, die neue Straßen gleich breit und mehrspurig anlegte und statt flach lieber hoch baute. Erst dadurch wurde der Grundstein für das „Manhattan an der Maas" gelegt.

VON DEN ANFÄNGEN BIS ZUR GEGENWART

Aus einem sumpfigen Ort hat sich Rotterdam in nur wenigen Jahrhunderten zur zweitgrößten niederländischen Stadt entwickelt. Zu Europas größtem Hafen, zu einer Metropole des Handels auch. 1572 wurde die Stadt protestantisch, die sich inzwischen als ein multikulturelles Gemeinwesen zeigt.

Im Lauf des Mittelalters machten sich Bauern und Fischer die Region untertan, indem sie einen Sumpf nach dem anderen trockenlegten. Zu den ersten Regenten des Landes zählten die Grafen von Holland. Zur Sicherung ihrer Herrschaft trieben sie den **Deichbau** voran, der Überschwemmungen verhindern sollte. Mitte des 13. Jahrhunderts wurde so der „Hoge Zeedijk" errichtet, ein 400 Meter langer und 45 Meter breiter Seedeich. Vom alten Wasserwall ist heute nichts mehr zu sehen, dafür gab der Damm an dem Flüsschen Rotte der Siedlung dahinter ihren Namen: **Rotte-dam.**

Schon Ende des 14. Jahrhunderts war die Stadt eine der wichtigsten der Region. Auf dem Markt tauschten Bauern Käse und Milch gegen Kleidung und Bier. Und viel Geld brachte auch die Heringsfischerei.

Mit dem benachbarten Schiedam **32** stellte Rotterdam schließlich eine eigene kleine Flotte auf, die Schifffahrt und Fischerei auf Dauer schützen sollte. Sie war Teil der größeren niederländischen Flotte, die sich immer wieder heftige Gefechte mit den Engländern lieferte, die neidvoll auf die **Entwicklung des Rotterdamer Hafens** schauten. Dort nämlich fanden immer mehr Beschäftigte Arbeit. Den wirtschaftlichen Aufschwung spie-

■ 14. MAI 1940 – ROTTERDAMS SCHWÄRZESTER TAG

Hitlers Blitzkrieg gegen die Niederlande im Mai 1940 hatte vor allem die Kontrolle über die Rhein- und Maasbrücken zum Ziel. So landeten am Morgen des 14. Mai deutsche Wasserflugzeuge im Hafen der Stadt, deren Besatzung Rotterdam vor die Wahl stellte: Kapitulation oder Bombardierung aus der Luft? Die Holländer entschieden sich für die Kapitulation und gegen den Luftangriff. Doch der zuständige General, der mit den niederländischen Behörden über eine gewaltlose Übergabe verhandelt hatte, konnte die bereits nahenden 90 zweimotorigen Mittelstreckenbomber nicht mehr stoppen. Funkstörungen und andere Kommunikationsprobleme hat-

ten die Kontaktaufnahme verhindert. Auch die roten Leuchtpatronen – das verabredete Zeichen, den Luftangriff kurzfristig auszusetzen – übersahen die meisten der anfliegenden Piloten.

*Mehr als 800 Menschen kamen bei dem Angriff ums Leben, fast 25.000 Wohnungen wurden von Bomben und Feuern zerstört, mehr als 60 Schulen, 13 Kirchen sowie Tausende von Geschäften und Büros ein Raub der Flammen. 80.000 Menschen hatten Haus, Hab und Gut verloren. Fast 100 Tonnen Bomben hatten Rotterdams City in Schutt und Asche gelegt. Eine **unvorstellbare Katastrophe,** die viele Vorurteile älterer Niederländer gegen die Deutschen bis heute erklärt.*

gelten vor allem die **Windmühlen**, die das Stadtbild ab dem 18. Jahrhundert prägten.

1872 wurde der „Nieuwe Waterweg" in Betrieb genommen, ein schleusenloser Kanal Richtung Nordsee, welcher die Entwicklung der Hafenstadt beflügelte. „Große Dampfer ziehen voll Majestät aus eigener Kraft ihre Bahn den Wasserweg hinab Richtung Meer, kleine Motorboote steuern puffernd ihrem Ziel zu und die markante Form der Fähre strebt lavierend der Überseite zu", beschrieb ein Reporter Anfang des 20. Jahrhunderts den Alltag am Flussufer.

In nur wenigen Jahrzehnten stieg Rotterdams Einwohnerzahl auf fast eine halbe Million. Alte Gräben und Gewässer in der Altstadt wurden zugeschüttet, um Platz für neue Häuser und Straßen zu schaffen. Im **Mai 1940** legten deutsche Bomber die Innenstadt in Trümmer (s. S. 52 Exkurs). Mit großem Eifer aber gingen die Niederländer an den Wiederaufbau, der sich als Glücksfall in der Stadtgeschichte erweisen sollte. Aus der Trümmerlandschaft formten renommierte Architekten eine moderne Metropole: das „Manhattan an der Maas".

STADTGESCHICHTE IN ZAHLEN

1340 Graf Wilhelm IV. gewährt erste städtische Privilegien
1560 Rotterdam zählt 8000 Einwohner
1572 Rotterdam wird reformiert
1597 Gründung der ersten Kaufmannsbörse
1751 Rotterdam zählt rund 30 Zuckerraffinerien
1776 Erste Dampfmühle in Rotterdam
1872 Erstes Linienschiff Rotterdam–Harwich
1929 Eröffnung des ersten Ölhafens
1938 Bau des zweiten Ölhafens
1953 Eröffnung der Lijnbaan, Europas erster Einkaufsstraße
1962 Rotterdam löst New York als „größten Hafen der Welt" ab
1996 Eröffnung der Erasmusbrücke
2001 Rotterdam wird Europäische Kulturhauptstadt
2009 Amtsantritt des Muslim Ahmed Aboutaleb als Bürgermeister
2010 Start der Tour de France in Rotterdam

▲ *Graf-Wilhelm-Reiterstatue vor dem Historischen Museum Schielandshuis* ❼

029rd Abb.: gs

LEBEN IN DER STADT

Menschen aus mehr als 170 Nationen prägen das Bild der Stadt. Junge Menschen vor allem, die in Rotterdam stärker als anderswo ins Gewicht fallen. Mehr als die Hälfte der Bevölkerung ist unter 40 Jahre alt, was Lebenslust, Urbanität und Spielfreude in der Stadt erklärt. Nicht einmal jeder zweite Einwohner ist geborener Holländer. Kaum jemanden hat es deshalb verwundert, dass an der Stadtspitze heute ein Muslim steht. Seit Anfang 2009 regiert Ahmed Aboutaleb Rotterdam. Seine Aufgabe – und auch die seiner Nachfolger – wird es sein, in der Völkermühle Rotterdam allen Einwohnern gleiche Chancen zu gewähren.

Von den knapp 600.000 Einwohnern heute sind nur noch die Hälfte ursprüngliche Niederländer. Hinzu kommen mehr als 50.000 Surinamesen, Menschen aus der ehemaligen niederländischen Kolonie in Südamerika, und fast ebenso viele Türken. Außerdem leben rund 40.000 Marokkaner und Zehntausende von den Antillen oder den Kapverdischen Inseln in Rotterdam. Zuwanderer, die in den Niederlanden meist schon vor Jahren Arbeit und Unterkunft gefunden haben. Zusammen mit fast 50.000 nicht holländischen Europäern prägen sie das Gesicht der Stadt, das so vielfältig ist wie die Herkunft ihrer Bürger. Noch aber sind nicht alle so integriert, wie es die Stadtväter gern sähen. Noch immer leben viel zu viele

▲ *Nieuwe Maas und Rotterdams Hafen (s. S. 57)*

in **Parallelgesellschaften**, ist die Arbeitslosigkeit gerade unter jungen Immigranten noch immer höher als der Durchschnitt.

Doch Rotterdam gilt inzwischen als **Hollands wichtigstes gesellschaftliches Laboratorium.** Nicht vergessen sind die Zeiten, als sich ein Großteil der Bevölkerung um den Rechtspopulisten Pim Fortuyn scharte, der Anfang des Jahrtausends gegen die sogenannte Duldungspolitik (s. S. 56 Exkurs) der Regierung in Rotterdam lautstark Front gemacht und so die Kommunalwahlen 2002 gewonnen hatte. Nach dem Wahlerfolg vereinbarten seine Partei und ihre Koalitionspartner das Programm „Zero toleratie" („Null Toleranz"), für das die Stadt fast 200 Millionen Euro zur Verfügung stellte.

Die eine Hälfte investierte man in mehr Sicherheit, in Überwachungsanlagen, elektronische Kameras und mehr Polizeipräsenz auf Straßen und Plätzen, den Rest in die Integration von Ausländern, besseren Schulunterricht und Schulausstattung sowie in den Wohnungsbau. Besonderes Augenmerk legte das **Sicherheitsprogramm** auf gewalttätige Jugendliche, Prostitution und Drogenkriminalität. Wer die Schule schwänzte, bekam von der Polizei Besuch. Hunderte von Rauschgiftabhängigen wurden Platzverweise erteilt, Bordelle geschlossen, minderjährige Raufbolde unter besondere Beobachtung gestellt, Gewalt und Vandalismus verstärkt bekämpft. Jeder Stadtteil stellte eigene Sicherheitspläne auf, für die sich Polizei und soziale Dienste ebenso verantwortlich fühlten wie Stadtreinigung, Ordnungsamt und Bürgerinitiativen. Und um den Erfolg zu messen, vereinbarte man einen sogenannten „Sicherheitsindex", der ähnlich wie

◾ EIN MOSLEM REGIERT IN ROTTERDAM

Ahmed Aboutaleb heißt seit 2009 der Bürgermeister Rotterdams. **Zum ersten Mal in der Geschichte** *regiert damit ein Einwanderer mit doppelter Staatsbürgerschaft eine europäische Großstadt. Der Sohn eines marokkanischen Imams war in den 1970er-Jahren zum Studium der Elektrotechnik in die Niederlande gekommen. Zeitweise war er Tageszeitungskolumnist und Reporter bei Radio und Fernsehen. Anno 2004 wurde er in Amsterdam zum sozialdemokratischen Beigeordneten gewählt. Dort auch gewann er erstes politisches Profil, als er nach dem Mord an dem Regisseur Theo van Gogh die Tat entschieden verurteilte. In einer viel beachteten Rede in der Amsterdamer Al-Kabir-Moschee schrieb er allen marokkanisch-stämmigen Jugendlichen ins Stammbuch: „Für Menschen, welche die niederländischen Werte des Zusammenlebens nicht teilen, ist kein Platz in einer offenen Gesellschaft wie den Niederlanden." 2007 wurde Aboutaleb Staatssekretär im niederländischen Sozial- und Arbeitsministerium, im Januar 2009 schließlich Bürgermeister von Rotterdam.*

ein Börsenindex anzeigte, wie sich Kriminalität und Sicherheitsgefühl in den Stadtteilen entwickelten.

Inzwischen hat das Programm Wirkung gezeigt, ist die Stadt sicherer und sauberer geworden. Deshalb setzt auch der neue muslimische Bürgermeister das **Programm „Null**

DULDUNGSPOLITIK

*Duldungspolitik war eins der Schlagworte, mit denen man im letzten Jahrhundert die **liberale Haltung des Staates** gegenüber drängenden gesellschaftlichen Problemen wie Drogenmissbrauch oder Prostitution beschrieb. Dahinter verbirgt sich eine jahrhundertealte Tradition von Toleranz und Konsenssuche. Sie wurzelt in der Geschichte der Niederlande, die immer wieder auf Kompromisse angelegt war.*

*Im Gegensatz zu Deutschland, wo Staatsanwaltschaft und Polizei an das Legalitätsprinzip gebunden sind, grundsätzlich also alle Straftaten verfolgen müssen, gilt in Holland bis heute das **Opportunitätsprinzip.** So darf die Justiz in jedem Einzelfall nach eigenem Ermessen entscheiden, ob es* *zweckmäßig ist, einen Straftäter zu verfolgen oder nicht. Über Jahre konnten die Behörden auf diese Weise flexibel auf gesellschaftlich umstrittene Rechtsfragen wie den Besitz von Betäubungsmitteln, der nach wie vor verboten ist, reagieren. So greift die niederländische Polizei in der Regel erst ein, wenn jemand in großem Stil mit Drogen handelt. Befürworter argumentieren, auf diese Weise verschwänden Straftaten, die keiner verhindern kann, nicht im Untergrund, sondern blieben kontrollierbar. Doch die Duldungspolitik scheint an ihre Grenzen gestoßen zu sein. Heute werden Regelverstöße nicht mehr hingenommen wie früher, Jugendkriminalität schon im Frühstadium bekämpft.*

Toleranz" weiter fort. So ist es gang und gäbe, Sozialhilfeempfänger unangekündigt zu kontrollieren, Wohnungen bei Verdacht auf eine Straftat polizeilich zu durchsuchen und randalierende und gewalttätige Jugendliche sofort vor einen Schnellrichter zu stellen.

Längst hat Rotterdams neuer Politikstil auch außerhalb Hollands Beachtung gefunden, besuchen Politiker aus ganz Europa die Stadt. Alle wollen sie das **Erfolgsrezept** erfahren, wissen, wie eine Großstadt mit ihrem Völkergemisch am besten umgeht.

Schlüssel dazu sind sicher auch die sogenannten „Transfer Information Points" (TIP), wo Mitarbeiter von Polizei, Schul-, Jugend- und Gesundheitsämtern zusammensitzen und sich gemeinsam um alle anstehenden Probleme kümmern, für die sich früher jedes Dezernat allein verantwortlich fühlte – oder auch nicht.

Auch die **Bildungsoffensiven**, die das Sprachverhalten fördern sollen, scheinen Früchte zu tragen. Die Zahl der Migranten in der Rotterdamer Mittelschicht ist gewachsen, was sich vor allem auf dem Wohnungsmarkt zeigt. Viele der neuen Bewohner der Szeneviertel stammen aus den neuen multikulturellen Bildungsschichten. Vor allem muslimische Frauen, viele davon bestens ausgebildete Akademikerinnen, haben den Sprung vom Analphabetismus zum Universitätsabschluss geschafft und damit die Hoffnung geschürt, dass schon in der nächsten Generation Integration kein Thema mehr wie heute sein wird. Das ist auch dringend nötig: Schon 2015 erwarten die Bevölkerungsstatistiker eine muslimische Mehrheit in der Stadt.

ROTTERDAMS HAFEN – EUROPAS WIRTSCHAFTSMOTOR

Rotterdam ist Europas wichtigster Hafen – und nach Singapur und Shanghai der drittgrößte der Welt. Rund 35.000 Hochseeschiffe und gut 130.000 Binnenschiffe machen jährlich hier Station. Mehr als 400 Millionen Tonnen Fracht im Wert von vielen Milliarden Euro werden in guten Zeiten umgeschlagen. Kilometerlang ziehen sich die Hafenanlagen inzwischen von der Stadt bis zur Nordsee, wo dem Meer in den nächsten Jahren weitere 20 Quadratkilometer Land für neue Hafenflächen abgerungen werden sollen. Europas größter Hafen macht sich so für die Zukunft fit.

In Rotterdams Hafen spiegelt sich die **Weltwirtschaft.** Haushoch türmen sich die bunten Container an den Kais, schmiegen sich die Öltanks an die Ladestationen. Riesige Behälter, in denen man bequem Fußball spielen könnte. Erz, Schrott und Kohle häufen sich zu Bergen, deren Höhe signalisiert, ob die Wirtschaft brummt oder nicht. 350 Millionen Verbraucher, heißt es bei der Hafenverwaltung, werden von Rotterdam aus versorgt – Menschen in ganz Europa. So stammt jeder vierte Frachtcontainer in Österreich inzwischen aus dem Hafen Rotterdam, werden Wien und Salzburg seit Kurzem regelmäßig von schnellen Shuttlezügen aus Holland direkt angesteuert.

Fast die Hälfte der chemischen Grundprodukte Europas werden in Rotterdam umgeschlagen. Viele Hundert Kräne hieven die Güter aus den Schiffen und in die Schiffe, **Waren aus aller Welt.** In Kühllagern ist Platz für 2,5 Millionen Kubikmeter Tiefkühlkost. Sogar einen eigenen Fruchthafen für Obst und Gemüse gibt es – und einen Spotmarkt für Fruchtsäfte und Konzentrate.

Mit **Milliardeninvestitionen** rüstet Rotterdams Hafen für die Zukunft. „Maasvlakte 2" heißt das jüngste Bauprojekt. Mitten in der Nordsee entstehen fünf Meter über dem Meeresspiegel 2000 Hektar neue Hafenflächen. Schon ab 2013 sollen die ersten Hochsee-Containerschiffe mit großem Tiefgang weit draußen vor der Küste entladen werden.

KLEINE HAFENGESCHICHTE

Amsterdam, spottet man in Holland gern, ist eine Stadt mit Hafen, Rotterdam aber ein Hafen mit Stadt. Dahinter steckt der Neid der Menschen an der Amstel, die ihren Anspruch als Hollands wichtigste Hafenstadt schon vor Jahrhunderten verloren haben. Anders als in Amsterdam, wo die Waren zur Lagerung in den Packhäusern vorher in kleinere Leichter (schwimmende Ladungsbehälter ohne eigenen Antrieb) umgeladen werden mussten, konnten die Schiffe in Rotterdam schon früh die großen Lagerhallen direkt ansteuern. Das kam vor allem dem **internationalen Handel** zugute. Frankreich und Portugal lieferten Salz, Getreide und Wein, England Wolle, Indien Baumwolle, Deutschland Eisen und Erde für die Keramikindustrie, Afrika Zucker und Amerika Tabak.

Je größer aber die Schiffe wurden, umso „schwerer" hatte es der Hafen. Um vom offenen Meer nach Rotterdam zu gelangen, musste man schließlich oft tagelang durch die verschlungenen Wasserwege der Provinz

EIN HAFEN MIT EIGENER POLIZEI

35.000 Hochseeschiffe und mehr als 130.000 Binnenschiffe steuern zurzeit den Hafen jährlich an, Reedereien aus der ganzen Welt. Allein 500 Schifffahrtslinien verkehren von Rotterdam aus regelmäßig nach festen Fahrplänen in über tausend Welthäfen. Für mehr als 50.000 Menschen ist der Hafen heute Arbeitsplatz.

*Für Öl- und Chemieprodukte, Container, Eisenerze, Kohle, Metalle und Lebensmittel ist Rotterdam der **wichtigste Umschlagplatz Europas.** Zwei riesige Pipelines nach Antwerpen und ins Rhein-Ruhr-Gebiet schaffen das ganze Jahr über und rund um die Uhr Öl und Mineralölerzeugnisse nach Belgien und Deutschland.*

*Im Gegensatz zu vielen anderen großen Häfen ist Rotterdam **kein Freihafen.** Das heißt, dass der Zoll jeden Warenumschlag überwacht. Während die Schifffahrtswege vom niederländischen Staat unterhalten und betrieben werden, gehören die Hafenanlagen der Stadt Rotterdam, die 1932 eine eigene Gesellschaft zu ihrem Betrieb und ihrer Unterhaltung gründe-*

te. „Port of Rotterdam" heißt das milliardenschwere Unternehmen heute, das auf eigenes Risiko und Rechnung handelt und in einem Hochhaus am Maasufer, dem World Port Center auf dem Wilhelmina-Pier 🔴**25**, *zu Hause ist. Eine eigene **Hafenpolizei** sowie Feuerwehr und Sicherheitsdienst sorgen für Ordnung, achten darauf, dass beim Umladen nichts verschmutzt wird, kein Öl ausläuft oder andere umweltschädliche Stoffe verschüttet werden. Wichtigste Einnahmequelle der Hafengesellschaft sind die Seehafengebühren, wöchentlich mehrere Millionen Euro. Und natürlich ist Rotterdams Hafen auch eines der wichtigsten Zentren **maritimer Dienstleistungen.** Mehr als ein Dutzend Trockendocks stehen für Werftarbeiten zur Verfügung. Daneben Betriebe zur Reparatur der fast zehn Millionen Container, die Jahr für Jahr in Rotterdam umgeschlagen werden. Hinzu kommen Liegeplätze für die Offshoreindustrie, auf denen Bohrinseln gewartet und getestet werden können.*

> ❯ *Port of Rotterdam, Tel. 010 2521010, www.portofrotterdam.com*

Seeland schippern. Hamburg und Antwerpen waren einfacher anzusteuern, sodass große Reedereien seit Mitte des 19. Jahrhunderts Rotterdam mieden. Das änderte sich mit dem Bau des „Nieuwe Waterweg", dem Kanal zur Nordsee, der Rotterdam zur **europäischen Transitmetropole** machte.

1929 öffnete der erste Ölhafen in Rotterdam, drei Jahre später gründete sich der städtische Hafenbetrieb, der zu einem der größten städtischen Arbeitgeber wurde. Bis zur Jahrtausendwende hatte man die

Hafenfläche mehr als verdreifacht, trotzdem musste Holland den **Anspruch auf den weltgrößten Hafen an die Chinesen abtreten.**

Mit der „Maasvlakte 2" realisiert die Stadt zurzeit vor der Küste ihr jüngstes Projekt, einen Terminal für die weltgrößten Containerschiffe. Die **kostenlose Schau der Hafenbehörde** „Futureland" informiert darüber (Futureland, Europaweg 902, 3199 LC Maasvlakte Rotterdam, Hafennummer 8213, Di.–Fr. 10–17, So. 11–17 Uhr).

ROTTERDAM ENTDECKEN

004rd Abb.: gs

031rd Abb.: gs

ERLEBENSWERTES IM ZENTRUM

*Rotterdams klassische Sehenswür-
digkeiten liegen dicht beisammen:
die bekanntesten Museen, Börse und
Rathaus, Sankt Laurentius* ❽*, die älteste Kirche der Stadt, die weltberühmten Kubushäuser* ⓲ *neben dem
Alten Hafen* ⓳*, Europas erste autofreie Einkaufszone* ❺ *und der erste
Wolkenkratzer Europas: alles in Fuß-
gängerweite auf der rechten Seite der
Nieuwe Maas. Dort auch findet sich mit
dem Schifffahrtsquartier* ㉑ *(Scheep-
vartskwartier) rund um den Veerhaven
das Vorzeigeviertel der Stadt, das Rotterdam der Hafenbarone.*

*Auf der anderen Seite des Flusses
liegt das moderne Rotterdam, dem
es seinen Beinamen „Manhattan an
der Maas" verdankt. Hier finden sich
die höchsten Häuser der Niederlande, architektonisch reizvolle Wolkenkratzer, die Bauten Norman Fosters
oder Renzo Pianos.*

Beide Teile der Stadt verbindet die
Erasmusbrücke ㉔, das neue Wahrzeichen Rotterdams. Unterirdisch
führt der Maastunnel vom Norden in
den Süden. Nördlich des geschäftigen
Hauptbahnhofs ❶ liegt die meistbesuchte Touristenattraktion der Stadt:
der Tierpark ㉚. Und ganz im Westen,
in Delfshaven ㉛, zeigt sich Rotterdam nostalgisch: mit einer historisch

▲ *Rotterdams Vorzeigeviertel:
Kop van Zuid* ㉖

◀ *Vorseite:
Architektonische Rarität –
Rotterdams Kubushäuser* ⓲

bedeutenden Kirche, alten Häusern, Kneipen und Kais, die zum Bummeln laden. Grüne Lunge der Stadt ist der Park zu Füßen des Euromast **㉒**, von dem sich der beste Blick auf die Stadt bietet: bei gutem Wetter fast bis zur Küste nach Hoek van Holland **㉞**, das ebenfalls noch zu Rotterdam gehört.

❶ ZENTRALBAHNHOF UND UMGEBUNG – CENTRAAL STATION ★ [L3]

Rotterdam Centraal ist Halt Europas schnellster Züge, wichtigste Station für Eisenbahnen, Busse, Metro, Tram und Taxen. Für die nächsten Jahre aber auch noch eine der **größten Baustellen der Stadt.** Frühestens 2013 wird sich der neue Zentralbahnhof so wie geplant präsentieren: als modernster Verkehrsknotenpunkt, der sich dann mit den neuen Schnellbahnhöfen in Brüssel, London oder Paris messen will. Die neue Metrostation ist schon in Betrieb und lässt ahnen, wie der ganze Bau einmal aussehen wird.

Die **dunklen Ecken von einst,** in denen Drogendealer und andere Kriminelle unter den Augen der Reisenden ihre Geschäfte abwickelten, **sind verschwunden.** Gläserne Brücken werden die einzelnen Bahnsteige miteinander verbinden, über die sich einmal ein 250 Meter breites Dach spannen soll. Hinzu kommt ein riesiger Fahrradparkplatz mit über 5000 Stellplätzen und eine große Ladenstraße.

Zwei Ausgänge wird es auch künftig geben: Der Richtung Norden weist ins Rotterdam des letzten Jahrhunderts, in touristisch nicht relevante Wohnviertel. Der Hauptausgang nach Süden führt ins Herz der Metropole zur Kruisplein. Gleich draußen zeigt sich das Rotterdam der Gegenwart, das **Mekka der Dienstleister.** Im Hochhausturm einer Versicherungsgesellschaft hat es für jeden Reisenden hier gleich sichtbar Gestalt gefunden: ein nüchterner Zweckbau, mit gut 150 Metern Höhe lange Zeit das höchste Bürohochhaus der Niederlande. Gegenüber liegt der Millennium Tower, ein zur Jahrtausendwende erbauter 131 Meter hoher Hochhausriese, der heute in vielen Stockwerken ein Hotel beherbergt.

Sein altes Gesicht zeigt Rotterdam auf der anderen Bahnhofsseite mit dem **Großhandelsgebäude** (Groothandelsgebouw), das einmal Europas größtes Mehrzweckgebäude war. Das zwischen 1947 und 1953 gebaute Haus, 220 Meter lang, 85 Meter breit und 43 Meter hoch, steht heute unter Denkmalschutz. Mehr als hundert Büros und Geschäfte sind hier untergekommen, auch das Traditionscafé Engels (s. S. 30), ein beliebter Treffpunkt der Einheimischen mit wunderbarem Dachgarten. Außerdem beherbergt das Großhandelsgebäude das VVV Rotterdam Info Café (s. S. 113), die nächste Anlaufstation für alle am Zentralbahnhof ankommenden – Unterkunft und Rat suchenden – Touristen.

❭ Metro: Rotterdam Centraal

❷ RAILZ MINIWORLD ★ ★ ★ [K4]

Zehntausende von Besuchern machen in Hollands einziger Indoor-Miniaturwelt jährlich Station, sehen schnellen Schienensprintern bei der Fahrt durch grüne Landschaften ebenso zu wie endlos langen Güterzügen, die ihre Fracht im Hafen entladen. Vor allem an Regentagen bietet die RailZ Miniworld beste Unterhaltung für Alt und Jung.

Watt – Rotterdams Öko-Disco

Einen „**nachhaltigen Tanzklub**" nennen die Macher der ersten großen Öko-Disco ihr Projekt mitten im Rotterdamer Chinesenviertel. Zusammen mit der Umweltorganisation Enviu und den Technischen Universitäten Eindhoven und Delft entwickelten sie eine besonders umweltfreundliche Diskothek. „Den meisten ist gar nicht bewusst, dass gerade beim Feiern besonders viel Energie verbraucht wird", meinte einer der Klub-Planer in einem Interview. „Eine mittelgroße Disco, die jede Woche an drei Abenden geöffnet hat, verbraucht im Jahr mindestens 30 Mal so viel Wasser und immerhin 150 Mal so viel Strom wie eine sechsköpfige Familie."

Um die Stromkosten so niedrig wie möglich zu halten, ersannen die Watt-Planer deshalb eine Tanzfläche, welche die dort entfesselte Energie in Strom umwandelt. Je wilder die Party, desto besser ist es für die Umwelt, geben die 65 mal 65 Zentimeter großen Fußbodenplatten doch bei jedem Schritt bis zu einem Zentimeter nach – wirken so ähnlich wie ein Dynamo. 2000 Tänzer können so Strom für das Mischpult der DJs und die Beleuchtung der Tanzfläche schaffen. Inzwischen ist die energiespendende Tanzfläche auf Tournee, erproben Klubs in aller Welt ihre Ökotauglichkeit.

Ökologische Nachhaltigkeit gibt es auch in den Bars neben den Tanzflächen, wo wiederverwertbare Hartplastikbecher die Abfallberge haben schrumpfen lassen. Und statt aus Flaschen wird in der Regel aus großen Zapfanlagen ausgeschenkt – auch der Wein.

Ganz **umweltfreundlich** geht es auch auf den Toiletten zu, die mit Regenwasser gespeist werden. Vielleicht auch bald einmal mit dem Schweiß der Partypeople, deren Kondenswasser von der Decke gesammelt und in die Klospülung geleitet werden soll. Im Watt gibt es neben zwei Tanzflächen übrigens auch ein Café-Restaurant, dessen Karte vom Entrecote bis zur Schokoladenmousse reicht.

🕑111 [L4] **WATT**, West Kruiskade 26–28, www.watt-rotterdam.nl, Tel. 010 2179190, Do.–Sa. ab 17 Uhr

032rd Abb.: gs

Im Keller eines großen Wohnhauses nicht weit weg vom Hauptbahnhof ❶ steht die **größte Modelleisenbahn der Niederlande.** 115 Züge gehören zur Grundausstattung, von denen drei bis vier Dutzend immer in Bewegung sind. Gesteuert über eine elektronische Leitzentrale, deren Chefs sich gern über die Schultern schauen lassen. Rund zwei Kilometer sind die Schienen lang, von denen ein Drittel unterirdisch verläuft.

2007 wurde die Anlage – die seitdem **ständig wächst** – vom Rotterdamer Bürgermeister ihrer Bestimmung übergeben. Inzwischen entsteht Rotterdams Flughafen en miniature, danach eine neue schottische Miniaturlandschaft.

Anders als bei anderen großen Modelleisenbahnanlagen setzen die Macher in Rotterdam mehr auf die **filigrane Gestaltung** originaler Landschaften als auf eisenbahntechnische Spektakel. Bis ins Detail sind so die Miniaturen strukturiert, an denen man sich stundenlang satt sehen könnte. Auf der Kirmes dreht sich ein Riesenrad, vor der Kirche hat sich eine Hochzeitsgesellschaft versammelt, riesige Hafenkräne löschen Ladung. In einer Unterführung hat sich ein Lkw verkeilt, andernorts ist ein Sportflugzeug abgestürzt, sind Feuerwehr und Polizei mit Blaulicht im Einsatz.

Viel Wert legt man in Rotterdams Miniworld auch auf lokale Geschichte. So hat man hier alte Bahnhöfe ebenso **maßstabsgerecht nachgebaut** wie den neuen Hauptbahnhof, der sich nur ein paar Schritte weiter ganz real noch als große Baustelle präsentiert.

❯ **RailZ Miniworld**, Weena 745, Tel. 010 2400501, www.railzminiworld.nl, Mi.–Do. 12–17, Fr.–So. 10–17 Uhr, 9,25 € (Kinder bis 12 Jahre 6 €)

❸ WESTERSINGEL ★ [L4]

Der Westersingel führt vom Hauptbahnhof ❶ zur Eendrachtsplein, einem der Zugänge zum innerstädtischen Einkaufsviertel, das weitgehend aus Fußgängerzonen besteht – und weiter zum West Zeedijk. Der **Wassergraben** wurde Mitte des 19. Jahrhunderts angelegt. Schon wenig später siedelten sich reiche Bürger und Kaufleute an seinen Ufern an. Einige ihrer Häuser stehen noch, werden heute allerdings kaum noch zum Wohnen genutzt. Stattdessen haben hier Makler und andere Dienstleister ihren Firmensitz. Zu beiden Seiten des Wassergrabens führen Straßen im Einbahnsystem Richtung Norden und Süden. Westersingel heißt der Fahrweg an der Westflanke, der auf der anderen Seite teilt sich in Mauritsweg und Eendrachtsweg.

Was den Bummel über den Westersingel lohnenswert macht, sind die **vielen Denkmäler,** die ihn seit einigen Jahren zieren. Viele der Kunstwerke wurden zum europäischen Kulturjahr aufgestellt, das Rotterdam anno 2001 groß feierte. Meist sind es moderne Skulpturen, die durch Form und Ästhetik überzeugen. Manche mehr, andere weniger. Einige wie der Santa Claus des amerikanischen Künstlers Paul McCarthy, der auf der Eendrachtsplein seine neue Heimat gefunden hat, sind noch immer umstritten (s. S. 64 Exkurs). Skulpturen von Henry Moore und Auguste Rodin finden sich so für jeden zugänglich in der Stadt – und auch eine fast acht Meter hohe Picasso-Skulptur

◀ *Im Modell schon fertig: Rotterdams neuer Hauptbahnhof in RailZ Miniworld*

■ DER OBSZÖNE SANTA CLAUS

Wie brav muss der Nikolaus sein? Diese Frage bewegte vor ein paar Jahren nicht nur Rotterdam. Fast die ganze Nation diskutierte damals ein Kunstwerk des amerikanischen Künstlers Paul McCarthy. Der hatte anno 2003 einen 180.000 Euro teuren Weihnachtsmann aus Bronze vorgestellt, der statt eines Christbaumes einen riesengroßen Dildo in der Hand hielt, ein luststillendes Spielzeug, das eine ganze Nation auf die Palme brachte. Darf man so etwas öffentlich zeigen, ist das **noch Kunst oder reine Provokation?** *Hoch schlugen die Wogen des Volkszorns, sodass man die Skulptur von einem Platz zum anderen schob und sie schließlich in den Garten des Museums Boijmans Van Beuningen* ⑫ *verbannte. Erst 2008 war die Zeit reif für den Weg der Bronzeskulptur in die Öffentlichkeit, fand sie auf der Eendrachtsplein ein neues Zuhause. Seitdem steht der umstrittene Santa Claus am Eingang einer Einkaufspassage. Auf die Jugend von heute wirkt der Bronzekoloss freilich mehr wie ein Mitglied der Disney-Familie als ein weihnachtlicher Sex-Maniac.*

aus einer zehn Zentimeter dicken Betonplatte, die an der Ecke zum Museum Boijmans Van Beuningen ⑫ steht. Sylvette heißt die Dame, die es Pablo Picasso Ende der 1950er-Jahre so angetan haben soll, dass er sie zusammen mit dem Künstler Carl Nesjar in Stein formte. Als Zwischenstopp beim Bummel über den Westersingel bietet sich Architektur- und Kunstfreunden das **Café De Unie** an (s. S. 32), dessen Vorgänger einst auf

dem Coolsingel ⑥ stand. Das 1925 erbaute Haus war eins der Vorzeigeprojekte der Architekturgruppe De Stijl, die das neue Bauen in den Niederlanden maßgeblich prägte. 1986 errichtete man das im Krieg zerstörte Haus im Mauritsweg mit der klassischen Giebelfront in Blau, Gelb und Rot ganz neu wieder auf.

❯ Metro: Rotterdam Centraal oder Eendrachtsplein

④ SCHOUWBURGPLEIN ★ ★ [L4]

Der Schouwburgplein gehört zu den Lieblingstreffs der Einheimischen. Das liegt an den benachbarten Konzert- und Theatersälen, dem Casino, Kinos und Geschäften – und ein bisschen auch an der **eigenwilligen Architektur** des Platzes, der zu schweben scheint, liegt sein Boden doch rund 30 Zentimeter höher als die Umgebung.

Ausgestattet mit solchen und anderen Extras ist der fast 13.000 Quadratmeter große Schouwburgplein eins der interessantesten Beispiele avantgardistischer Architektur in Rotterdam – und Beleg für den Spielwitz niederländischer Städteplaner. Als interaktiver öffentlicher Raum Mitte der 1990er-Jahre entworfen, **wechselt er ständig sein Gesicht.** Blickfang sind vier bewegliche, jeweils 35 Meter hohe Lichtgiraffen, die automatisch ihre Positionen verändern und an die beweglichen Kräne im Rotterdamer Hafen erinnern sollen. Nachts zeigen sie sich als Sternenhimmel, strahlen ihre Lichter. Auch der Bodenbelag aus Gummi, Eisen und Holz erinnert Betrachter an Schiffsplanken, die Abluftürme der unter dem Platz befindlichen Großgarage an die Schlote alter Ozeandampfer.

Namensgeber des Platzes ist die Schouwburg (s. S. 39). Rotterdams

wichtigstes Theaterhaus, das klassische und moderne Bühnenspektakel im Programm hat – vom Ballett bis zur Oper. Gegenüber findet sich das Konzert- und Konferenzzentrum De Doelen (s. S. 39), dessen ausgezeichnete Akustik internationale Anerkennung genießt. Kein Wunder, dass sich hier auch das Rotterdamer Philmonische Orchester besonders heimisch fühlt, eines der besten der Niederlande. Popularität genießen die sonntagmittäglichen Jazzkonzerte im Doelencafé – und mit dem Pathé Cinema steht eines der renommiertesten Lichtspielhäuser der Stadt am Schouwburgplein.

〉 Metro: Rotterdam Centraal

❺ LIJNBAAN ★ [M4]

Im Jahre 1953 machte die Lijnbaan als **erste große Shoppingmall Europas** von sich reden. Als Fußgängerzone mit vielen kleinen Läden: Einkaufen hatte ein neues Gesicht. Ein Konzept, das schnell überall Nachahmer fand. Entworfen hatte die Lijnbaan das Architekturbüro van den Broek en Bakema, das auch für den Bau des großen Feyenoord-Fußballstadions ❷❽ im Süden der Stadt verantwortlich zeichnete. Die Architektur der Lijnbaan atmet noch immer den Geist der 1950er-Jahre, die Waren in den Geschäften aber stammen aus der Gegenwart: Diesel, Mango, Hilfiger heißen heute die Topseller dort.

〉 Metro: Beurs

❻ COOLSINGEL ★★ [M4]

Der Coolsingel ist **eine der populärsten Straßen Rotterdams** und dazu die wichtigste Verkehrsader der Stadt. Der Sommerkarneval findet hier seinen Höhepunkt und auch der jährliche Marathonlauf durch die Stadt startet und endet auf dem Coolsingel. Sehenswert sind das Rathaus und die Börse mit dem angeschlossenen

Amarone – Preiswert in den Sternehimmel

2006 starteten Gert Blom, der Koch, und Harrie Baas, der Sommelier, das Amarone (s. S. 30) – ein schick eingerichtetes Restaurant in der Innenstadt. Schon ein Jahr später gab es den begehrten Michelin-Stern: Auszeichnung für eine **mediterrane Küche voller Leichtigkeit.** Für Risotto und Polenta vom Feinsten, für Fisch und Fleisch von höchster Qualität. Statt auf Salz schwört der Küchenchef auf hausgemachte Geflügelfonds – und auf Trüffel, die jährlich gleich kiloweise verarbeitet werden.

Seinen Namen verdankt das Restaurant übrigens den ausgezeichneten Rotweinen gleichen Namens, die neben Barolo und Brunello di Montalcino zu den besten Italiens gehören. Die besten Amarone liegen heute im Weinkeller des Lokals, das außer Sonntag täglich geöffnet hat. Besitzer Harrie Baas hat übrigens das Ziel, gehobene Küche für jeden erschwinglich zu machen. So bietet sein Haus mittags ein dreigängiges Lunchmenü für 34 € an, so leicht kommt man sonst kaum in den Sternehimmel.

033rd Abb.: gs

World Trade Center. Vor allem aber punktet das Areal mit seinen **vielen Einkaufsmöglichkeiten.**

In der niederländischen Ausgabe des bekannten Monopoly-Spiels firmiert die teuerste Straße als Coolsingel, was zeigt, welches Image **Rotterdams Vorzeigeroute** inzwischen hat. Der Coolsingel wurde zwischen 1913 und 1922 angelegt und verbindet den Hofplein mit dem Braak.

An seiner Ostflanke liegt das **Rathaus** (Stadthuis). Eins der wenigen Gebäude, das die Bombardierung der City 1940 überstanden hat. Königin Wilhelmina hatte einst den Grundstein für das Rathaus gelegt, das 1920 in Dienst gestellt und zum Jahrtausendwechsel generalsaniert wurde. Das mit Sandstein verkleidete Betongebäude, das heute als nationales Monument gilt und noch immer als Rathaus dient, verfügt über zwei große Säle. Den Ratssaal und den Bürgersaal, der als Repräsentationsraum für die Stadtverwaltung fungiert und hin und wieder auch für Trauungen genutzt wird. Gekrönt wird das Rathaus von einem rund 70 Meter hohen Turm.

Kleine Cafés und Restaurants säumen den Rathausplatz (Stadhuisplein) gegenüber. In seiner Mitte findet sich Mari Andriessens **Antikriegsdenkmal „Monument voor de gevallenen"** („Monument für die Gefallenen"). Zwei Männer, eine Frau und ein Kind symbolisieren Vergangenheit, Gegenwart und Zukunft der Stadt – eine eindrucksvolle Erinnerung an die Kriegstage.

Ein paar Schritte weiter kreuzen sich vor der **Börse/World Trade Center** die Wege von Geschäftsleuten und Einkaufsbummlern. Rotterdams Börse, die ihre Gründung auf Ende des 16. Jahrhunderts datiert, steht seit 1941 an der Coolsingel – und war das erste nach der Zerstörung der Stadt wieder aufgebaute Großprojekt. 1987 wurde der alten Börse ein 90 Meter hoher Hochhausriese mit grüner Glasfassade aufgepfropft, der Handelskomplex in Börse/World Trade Center umbenannt. Heute finden sich in der Anlage neben der eigentlichen Handelsbörse zahlreiche Büros und Geschäfte – und das Café-Restaurant Staal (s. S. 30), dessen Terrassenplätze an warmen Tagen sehr begehrt sind. Im zugehörigen Saal gibt es in den Herbst- und Wintermonaten jeden Sonntagmittag Salsa-Tanzkurse, abends ist Party.

Rund um die Börse locken Hunderte von Läden, schlägt hier doch **das Einkaufsherz der Stadt.** Hier sind die großen Textilketten zu Hause: C&A, H&M, Gerry Weber oder Peek &

034rd Abb.: gs

◀ *Antikriegsdenkmal „Monument für die Gefallenen" vor dem Rathaus*

Cloppenburg. *De Koopgoot* nennen die Einheimischen die Tunnelpassage unter dem Coolsingel, welche die Läden zu beiden Seiten der Straße miteinander verbindet, unter ihnen das Kaufhaus De Bijenkorf (s. S. 20), eins der Flagschiffe der niederländischen Warenhauskette. Zu seiner Einweihung 1930 waren fast 70.000 Menschen gekommen. Im Krieg zerstört, wurde De Bijenkorf in den späten 1950er-Jahren wieder aufgebaut: mit der ersten Rolltreppe Rotterdams im Inneren.

> Metro: Beurs und Stadhuis

❼ HISTORISCHES MUSEUM (HET SCHIELANDSHUIS) ★ [M4]

Das älteste Gebäude der Stadt war im 17. Jahrhundert im Namen der damaligen Polderverwaltung von Schieland errichtet worden, der es auch seinen Namen verdankt. Seine **barock inspirierte Fassade** steht heute im krassen Kontrast zu den umliegenden Glaspalästen. Das Reiterbild vor den Toren des Museums soll an Herzog Wilhelm erinnern, der Rotterdam einst die Stadtrechte verliehen hatte.

Im Oktober 1811 diente das Schielandhaus dem französischen Kaiser Napoleon und seiner Gattin Marie Louise als Unterkunft. 1841 übernahm die Stadt das Haus als Museum, hatte aber kaum etwas auszustellen. Da traf es sich gut, dass der in Utrecht lebende Sammler Frans Jacob Otto Boijmans (1767 – 1847) für seine Kunstsammlung, damals eine der größten Hollands, neue Räume suchte. 1849 wurde so das Museum Boijmans im Schielandhaus eröffnet. Erst 1938 fand die Sammlung im neuen Museum Boijmans Van Beuningen ⓬ Unterschlupf.

Inzwischen beherbergt das **sorgfältig restaurierte Gebäude** mit seinen roten Fensterläden einen Großteil der stadtgeschichtlichen Sammlungen, der Rest findet sich im Museum „De Dubbelde Palmboom" in Delfshaven ㉛. Unter anderem erzählt eine multimediale Ausstellung die Geschichte der Stadt von 1880 an, als Rotterdam sich langsam zur Großstadt mauserte.

> **Historisches Museum Rotterdam,** Korte Hoogstraat 31, Tel. 010 2176767, www.historischmuseumrotterdam.nl, Di.–So. 11–17 Uhr, 3 €, Metro: Beurs

❽ SANKT LAURENTIUSKIRCHE (GROTE KERK) ★★★ [N4]

Rotterdams Hauptkirche ist der älteste Bau der Stadt. Grote Kerk, große Kirche, nennen sie die Einheimischen – oder auch nach ihrem Namenspatron Laurentius einfach „Laurens". Nach gründlicher Renovierung zeigt sie sich spätestens ab 2011 wieder in alter Pracht, als spätgotisches Relikt in moderner Umgebung.

Wäre es nach dem niederländischen Kultur-Staatssekretär gegangen, wäre die Kirche, die dem Angriff der deutschen Bomber wie durch ein Wunder großteils widerstanden hatte, längst verschwunden. In einem Brief an die Stadtverwaltung empfahl er den Planern des neuen Rotterdam, allenfalls den Turm zu erhalten. Doch nach Prüfung der Bausubstanz beschloss man, die ganze Kirche wieder aufzubauen. 1952 legte Königin Juliana dafür den Grundstein. Aus Ruinen erstand so die alte Laurentiuskirche wieder, die heute Rotterdams Protestanten als Gemeindekirche dient, längst aber auch als **Veranstaltungsort** für klassische Konzerte, Ausstellungen, Orgelkonzerte oder auch

Opernaufführungen genutzt wird. Und auch Firmen feiern gern hier ihre Jubiläen. Sonntags ist Gottesdienst, freitags betet man regelmäßig für Frieden und Versöhnung.

Als katholische Kirche zwischen 1449 und 1525 entstanden, war sie damals das einzige steinerne Gebäude in der Stadt. Ihren Architekten hatte man zum Auftrag gegeben, auf alle Fälle einen höheren Turm als in den Nachbarstädten Schiedam ㉜, Dordrecht ㊱ oder Delft zu bauen. 1572 fiel die dem Heiligen Laurentius, Rotterdams Stadtpatron, geweihte Kirche an die Reformierten.

Mehr als Tausend **Grabstätten** zählte die Kirche einst, jetzt nur noch ein paar Dutzend – so wie das Grab von Witte de With (1599–1658), einem der größten Seefahrer der Niederlande.

Fünf Orgeln, darunter die **größte Kirchenorgel des Landes**, gehören zum Inventar. Orgeln, an deren Finanzierung sich auch deutsche Rotaryclubs beteiligten. Wegen des sumpfigen Untergrundes übrigens musste das Gotteshaus im Lauf seiner Geschichte immer wieder neu stabilisiert werden. Kein Wunder also, dass Kirche und Turm heute längst nicht so aufrecht und gerade dastehen, wie es sich ihre Konstrukteure einst vorgestellt hatten. Die Historie der größten und ältesten Kirche Rotterdams erzählt auch eine neue Dauerausstellung, die Ende 2010 öffnen wird.

❭ Grotekerkplein 27, Tel. 010 4131494, www.laurenskerkrotterdam.nl, Di.–Sa. 11–17 Uhr (im Januar und Februar eingeschränkte Zeiten), 6 €, Führungen nebst Turmbesteigung 3,50 €, Metro: Blaak

❾ GROTEKERKPLEIN UND ERASMUSSTATUE ★★ [N4]

Auf dem großen Platz vor der Laurentiuskirche ❽, dem Grotekerkplein, steht das **ältestes Denkmal der Niederlande,** die Statue des Desiderius Erasmus: ein etwas traurig dreinblickender Gelehrter, der in einem großen Buch blättert.

▲ *Sankt Laurentiuskirche –*
Grote Kerk

▶ *Erasmusdenkmal auf dem*
Grotekerkplein

HUMANIST UND WELTENBUMMLER: ERASMUS VON ROTTERDAM

*Rotterdambesucher begegnen seinem Namen auf Schritt und Tritt. Forschungsstätten und Universitätskliniken sind nach ihm benannt, Straßen und Schulen. Und auch Rotterdams ältestes Denkmal ist dem großen Sohn der Stadt gewidmet: dem Humanisten Erasmus Desiderius. Philologe, Bibelwissenschaftler und Publizist war er, vor allem aber Moralist. Ein Mann von Welt, der gern reiste und in England, Frankreich und Italien studierte. **Vorbereiter der Reformation** nennt man ihn auch, legte er mit seinen Werken doch mit den Grundstein für ein kirchenkritisches Denken in Europa.*

Wahrscheinlich kam Erasmus als zweiter Sohn eines im Konkubinat lebenden Priesters im Oktober 1466 zur Welt, auf alle Fälle zwischen den Jahren 1465 und 1469. Nach seiner Geburtsstadt nannte er sich ein Leben lang „Erasmus Roterodamus", Erasmus von Rotterdam. In Gouda **38** *und Deventer ging er zur Schule, ehe er in einem Chorherrenstift der Augustiner mit dem Studium begann. 1492 wurde er zum Priester geweiht, arbeitete eine Zeit lang als Sekretär des Bischofs von Cambrai, ehe er zu Studienzwecken Europa bereiste. Im italienischen Turin promovierte er schließlich zum Doktor der Theologie.*

*1511 erschien sein **berühmtes Werk „Lob der Torheit"**, das schon zu seinen Lebzeiten rund drei Dutzend Neuauflagen erlebte. In diesem Büchlein, einem Meisterwerk der Ironie und des Hintersinns, preist ein Narr die Vor-*

züge der Narrheit, rhetorisch brillant und mit unwiderstehlicher Logik. Das „Lob der Torheit" ist ein Gute-Laune-Büchlein voller Lebensweisheiten.

*Doch es enthält auch **Sprengstoff**, weil Erasmus beckmesserischen Theologen und scheinheiligen Mönchen die Leviten liest. Damit, meinen manche Historiker, habe der niederländische Gottesmann der Reformation endgültig den Weg geebnet. 1514 zog es Erasmus nach Basel, wenig später wurde er in Brüssel Hofrat des späteren Kaisers Karl V. Jahrelang hatte sich Erasmus bemüht, den Religionsstreit zwischen Katholiken und Protestanten zu schlichten. War er anfangs ein Anhänger lutherischer Ideen, wandte er sich nach dem Auftritt des Reformators auf dem Reichstag zu Worms von Luther ab. Theologisch trennten die beiden schließlich Welten, war die Willensfreiheit des Menschen ihr größter Streitpunkt. Im Juli **1536 starb der Niederländer** schließlich in Basel an Typhus.*

*Obwohl Erasmus nur einen Bruchteil seines Lebens in Rotterdam verbracht hatte, hält die Stadt ihren größten Sohn in besten Ehren. Der **Humanist und Weltenbummler** Erasmus Desiderius gilt als Prototyp des gebildeten, menschenfreundlichen Holländers. „Erasmianismus" heißt so auch eine Lebenseinstellung, die manchen seiner Landsleute noch heute zugeschrieben wird und sich in Duldsamkeit, Sanftmut und Großherzigkeit zeigt.*

Schon 1549 hatte man ihm zu Ehren vor seinem Geburtshaus eine holzgeschnitzte Statue aufgestellt. 1557 – nachdem die Holzfigur einem Brand zum Opfer gefallen war – ersetzte man sie durch ein Denkmal, das wenige Jahre später spanische Besatzer im Hafen versenkten. 1622 schließlich schuf der Bildhauer Hendrik de Keyser die heutige Statue, die über lange Jahre das einzig bedeutende Denkmal in den Niederlanden war. Im letzten Weltkrieg vergrub man den lesenden Gelehrten zeitweise im Garten des Museums Boijmans Van Beuningen ❶❷. Inzwischen hat Erasmus vor der Laurentiuskirche ❽ seinen Platz gefunden.

Die große Halle **gegenüber der Kirche ist ein Theater** und trennt den Grotekerkplein von dem Delftsevaart-Kanal. Der Bau kann multifunktional genutzt werden und dient vor allem lokalen Vereinen und Gesellschaften als Raum zum Feiern. „Als Objekt konfrontierender Leere" wollen ihn seine Architekten verstanden wissen, „das Fragen aufruft und unerwartete Nutzungen provozieren möchte".
❯ Metro: Blaak

❿ BINNENROTTE: ZENTRALBIBLIOTHEK ROTTERDAM – BLAAK STATION – MARKT ★★ [N4]

Besonders interessant wird die Stippvisite auf der Binnenrotte zweimal wöchentlich, wenn mehr als 400 Händler hier ihre Stände aufgeschlagen haben – im Sommer auch ein drittes Mal. Der **Zentralmarkt** (s. S. 23) ist einer der größten der Niederlande und immer einen Besuch wert. 2014 soll eine feste Markthalle hinzukommen, in der rund 70 Händler dann die ganze Woche über frisches Gemüse, Obst, Fleisch und Käse anbieten.

Am untersten Ende der Binnenrotte stoßen Citybummler auf eine der größten und modernsten Verkehrsdrehscheiben der Stadt: auf eine **unterirdische Eisenbahn- und Metrostation** mit langer Geschichte. Umstritten ist die oberirdische Architektur des Bahnhofs, der auf viele Betrachter wie ein gerade gelandetes UFO wirkt. Andere fühlen sich an eine verwelkte Sonnenblume erinnert.

Dabei hat der Bahnhof Blaak eine lange Geschichte. 1877 wurde er als erste niederländische Eisenbahnstation mit einem schmiedeeisernen Dach über den Gleisanlagen als Bahnhof Börse errichtet. Wie er damals ausgesehen hat, kann jeder beim Besuch der RailZ Miniworld ❷ sehen. 1940 zerstörten deutsche Bomber den Bahnhof, der ab 1945 schließlich unter dem neuen Namen „Rotterdam Blaak" firmierte. Von den Gleisen im Untergeschoss verkehren heute regelmäßig Züge nach Amsterdam, Breda, Delft, Den Haag oder Dordrecht ❸❻, sodass die Station Blaak für den einen oder anderen auch zur **Startrampe für einen Tagesausflug** in die Nachbarstädte werden könnte.

Schräg gegenüber dem neuen Bahnhof findet sich **eine der größten öffentlichen Büchereien der Niederlande.** Ein architektonisches Juwel, zu dem sich seine Bauherren vom Centre Pompidou in Paris inspirieren ließen. Rund drei Millionen Besucher zählt die Bücherei jährlich, zu der neben der Ausleihe und Lesesälen auch ein kleines Theater für Kabarettabende und Lesungen gehören, eine Diskothek, die Musik-CDs und DVDs verleiht – und ein Café-Restaurant. Im Angebot sind über eine Million Bücher, Ton- und Bildträger. Wertvollster Bibliotheksschatz ist die Erasmus-

Sammlung, die weltgrößte Sammlung von Materialien und Büchern von und über Erasmus. 100 Tageszeitungen und 1500 internationale Magazine finden sich im Lesesaal, darunter auch deutschsprachige Publikationen. Außerdem gibt es mehrere Plätze mit Internetzugang.

📖 **112** [N4] **Rotterdam Bibliothek,** Hoogstraat 110, Tel. 010 2816114, Mo. 13–20, Di.–Fr. 10–20, Sa. 10–17, So. 13–17 Uhr, www.bibliotheek.rotterdam.nl, Metro: Blaak. Zur Nutzung der Bibliothek braucht man ein nach Vorlage des Personalausweises ausgestelltes Dokument, das jährlich 30 € Gebühr kostet. Der Zugang zu den elektronischen Arbeitsplätzen ist kostenlos.

⑪ MUSEUMPARK ★★★ [L5]

In nur wenigen Großstädten Europas sind die wichtigsten Museen so konzentriert wie in Rotterdam. Museumpark heißt deshalb auch das kleine Quartier im Herzen der Stadt, das westlich der Witte de Withstraat ⑮ gleich ein halbes Dutzend hochrangiger Musentempel vereint – allen voran das Museum Boijmans Van Beuningen ⑫ und die Kunsthalle ⑭, die bei Rotterdambesuchern auch architektonisch punkten können.

Noch vor gut hundert Jahren grasten im Museumpark Schafe und Kühe. Erst 1920 kaufte die Stadt das Gelände, auf der als Erstes das Museum Boijmans Van Beuningen entstand. Später bauten Rotterdamer Industriebarone hier **die eine oder andere Villa,** die inzwischen wie das Haus Sonneveld (s. S. 74) selbst zu Museen geworden sind. Und auch das Naturhistorische Museum (s. S. 43) hat in einer alten Villa der Reederdynastie van Hoboken im Museumpark eine neue Heimat gefunden.

Wer sich für **alte und neue Meister** interessiert, ist im Museum Boijmans Van Beuningen immer an der richtigen Adresse. Freunde aktueller Kunst seien die Wechselausstellungen in der Kunsthalle ⑭ ans Herz gelegt, die selbst ein Kunstwerk ist. Schließlich handelt es sich bei diesem Bau um eine der ersten und stilbildenden Bauten des berühmten Architekten Rem Koolhaas, der heute zu den besten der Welt zählt. Freunde moderner Architektur kommen auch im benachbarten Niederländischen Architektur-Institut (NAI) ⑬ auf ihre Kosten, das Jahr für Jahr mit meist sehenswerten Wechselausstellungen aufwartet.

Hungern oder Verdursten muss bei all der vielen Kunst übrigens niemand im Museumpark. Fast alle Kunsttempel verfügen über eigene **Restaurants, Cafés oder Bars.** Und auch die zeitraubende Parkplatzsuche, die viele Kunstfreunde bislang nervte, gehört inzwischen – dank der neuen dreistöckigen Tiefgarage mit ihren über 1000 Abstellplätzen mitten im Park – der Vergangenheit an.

❯ Metro: Eendrachtsplein

⑫ Museum Boijmans Van Beuningen ★★★ [L5]

Klassische und moderne Kunst ist im Museum Boijmans Van Beuningen zu Hause, in einer der populärsten und bedeutendsten Kunstsammlungen der Welt. Mit fast einer viertel Million Gästen jährlich ist es Rotterdams meistbesuchtes Museum. Bilder von Rembrandt, Rubens, van Gogh oder Pieter Breughel dem Älteren finden sich hier neben Ikonen der Moderne von Magritte bis Dalí, Picasso und De Kooning.

80.000 Kunstwerke nennt das Museum sein Eigen, knapp 2000 davon sind ausgestellt. Fast allesamt

Meisterwerke, die in einem beeindruckenden Bau aus den 1930er-Jahren Unterschlupf gefunden haben. Einem Gebäude mit geräumigen Kabinetten, breiten Treppen und Salons, die natürlichem Tageslicht viel Platz lassen. Wechselausstellungen werden im sogenannten Bodon-Flügel präsentiert, einem modernen Anbau.

Die Ursprünge des Museums liegen in der **Sammlung des Juristen Frans Jacob Otto Boijmans**, dessen Werke die Stadt 1847 gekauft und lange Jahre im Schielandshuis ausgestellt hatte. 1958 erwarb Rotterdam die Sammlung des Hafenbarons D. G. van Beuningen, die dem Musentempel schließlich seinen heutigen Namen Museum Boijmans Van Beuningen bescherte. Reputation verschafften sich die Museumsmacher in den letzten Jahren, indem sie die Bilder nach Themen und Stilepochen ordneten und Gemälde mit Skulpturen

kombinierten. Besucher sollten sich nicht wundern, wenn manche Säle heller als die anderen erscheinen, sind doch Zeichnungen oder Drucke weit lichtempfindlicher als Gemälde.

Die ältesten Kunstwerke stammen aus dem Mittelalter. Religiös motivierte Bilder meist, die einst in Kirchen ihren Platz hatten. Einige zeigen noch **Spuren des Bildersturms,** als protestantische Fanatiker in vielen katholischen Kirchen manches Gemälde beschädigten oder ganz zerstörten.

Zu den **Schätzen der alten Meister** zählt Rotterdam unter anderem Pieter Bruegels Mitte des 16. Jahrhunderts entstandener „Turm zu Babel" oder Hieronymus Boschs Gemälde „Der Hausierer". Aber auch Werken von Hans Memling, Albrecht Dürer, Lukas Cranach, Hans Baldung Grien und Lukas van der Leyden begegnen die Besucher beim Rundgang.

Mit der Neuzeit kommen Stillleben und Landschaftsbilder in Mode. Rubens und andere Maler lassen die Welt in neuem Licht erscheinen. Langsam verliert die Malerei ihre Gegenständlichkeit. **Expressionismus, Impressionismus und Surrealismus** lauten die neuen Mal-Etikette, für die Künstler wie Claude Monet, Alfred Sisley, Auguste Renoir, Edgar Degas, Paul Cézanne, Vincent van Gogh, Lyonel Feininger, Pablo Picasso, Wassily Kandinsky, René Magritte, Salvador Dalí oder Giorgio de Chirico stehen. Für die Kunst der Moderne schließlich garantieren Namen wie Claes Oldenburg, Joseph Beuys, Andy Warhol und der in Rotterdam geborene Willem de Kooning, einer der Wegbereiter des sogenannten Action Paintings.

▶ *Das Niederländische Architektur-Institut (NAI)*

Eendracht –
Leckeres aus dem Holzofen

Küchenchef Pepijn Schmeink schwört auf frisches Fleisch und Biogemüse, das er direkt von zwei Bauern bezieht. Seinen besonderen Geschmack erhält das Essen aufgrund eines großen Holzofens, der mitten im Restaurant steht und Fisch und Fleisch erst den letzten Pfiff gibt. Holzöfen, wird hier jedem klar, taugen zu mehr als zum Pizzabacken. Die Karte wechselt je nach Saison und hängt von den Zulieferern ab. Ein Genuss ist die mit holländischem Käse verfeinerte Polenta, die hin und wieder als Beilage gereicht wird. Da das Essen im Eendracht (s. S. 34) vom Küchenchef auch gern ein bisschen zelebriert wird, sollten Citybummler viel Zeit für das Dinner mitbringen.

Wer sich für **Gebrauchskunst** interessiert, dem seien die Ausstellungen im Tulpen-Kabinett empfohlen, wo Möbel, Keramiken, Tischdekorationen und Bestecke vom einstigen luxuriösen Leben zeugen. Beachtung sollten Museumsbesucher auch den Skulpturen im schön angelegten Museumspark schenken, der – vor allem bei gutem Wetter – immer einen kleinen Bummel wert ist. Bei schlechtem Wetter versüßt im Pavillon des Museumsrestaurants eine Tasse Schokolade den Blick auf die Kunst im Garten.

❯ Museumpark 18–20, Tel. 010 4419400, www.boijmans.nl, Di.–So. 11–17 Uhr, 9 € (mittwochs freier Eintritt), Metro: Eendrachtsplein

⓭ Niederländisches Architektur-Institut (NAI) ★★ [L5]

Das Niederländische Architektur-Institut ist mehr als ein Museum. Das Anfang der 1990er-Jahre erbaute Haus versteht sich eher als **lebendiges Forum architektonischen Schaffens**. Ein Anspruch, den die vielen Wechselausstellungen unterstreichen, die mehrmals jährlich über städtebauliche Entwicklungen informieren. Kilometerlange Bücherregale beherbergen Pläne, Skizzen und Modelle, gut 35.000 Fachbücher und -zeitschriften sowie die Archive berühmter Architekten, die dem Museum ihren Nachlass vermacht haben.

So dokumentiert das Museum Gegenwart und Geschichte der Architektur. Rotterdamreisenden sei empfohlen, sich vor ihrem Besuch auf der Webseite des Museums über die aktuellen Ausstellungen und Projekte zu informieren. Zum Museum gehört übrigens auch das Haus Sonneveld (s. S. 74), das einen guten Einblick in die gehobene Wohnkultur des 19. Jahrhunderts gibt.

❯ Museumpark 25, 3015 CB Rotterdam, Tel. 010 4401200, www.nai.nl, Di.–Sa. 10–17, So. 11–17 Uhr, 8 € (gilt auch als Eintritt ins Haus Sonneveld), Metro: Eendrachtsplein

037rd Abb.: gs

■ HAUS SONNEVELD (HUIS SONNEVELD)

Genau betrachtet ist das Haus Sonneveld eine große Villa, das Domizil des einstigen Direktors der Van Nelle Fabrik ㉙*. Von außen zeigt sich das Haus ganz in Weiß, drinnen dominieren die Farben. So finden sich orange gepolsterte Freischwinger im Wohnzimmer, hellgrüne Betten im Schlafzimmer und gelbe Teppiche neben blauen Vorhängen im Esszimmer. Und auch an der Technik wurde nicht gespart. So hatte das Haus schon damals ein zentrales Soundsystem und zwei Telefonnetze. Eins für die Familie sowie eins für die Dienstboten und Angestellten, die der Hausherr mit einer Klingel unter dem Esstisch herbeirufen konnte. Und für das Kaminholz gab es einen eigenen Aufzug. Luxuriös auch die Dusche, die aus zehn Massageköpfen gleichzeitig Wasser verströmte. Begleiter auf dem Rundgang durch das Haus ist ein kostenloser Audioguide.*

●113 *[L5] Haus Sonneveld, Ecke Jongkindstraat/Rochussenstraat, Tel. 010 4401200, www.nai.nl, Di.–Sa. 10–17, So. 11–17 Uhr, 5 €*

⑭ Kunsthalle Rotterdam (Kunsthal) ★★ [L6]

Architekturliebhabern gilt die Kunsthalle als eins ihrer Lieblingsziele: ein **kühl kalkulierter Stilmix**, der eher einer Industriehalle als einem klassischen Musentempel gleicht. Edel gestaltete Natursteinfassaden treffen auf Plastik, Stahl und Glas. Die gut 3000 Quadratmeter große Halle ist ein Werk des Stararchitekten Rem Koolhaas, von dem Bauten wie die

Niederländische Botschaft in Berlin ebenso stammen wie die Öffentliche Bibliothek in Seattle oder die Zentrale des Chinesischen Staatsfernsehens in Peking, in der heute mehr als zehntausend Menschen arbeiten.

Bis zu zwei Dutzend **Wechselausstellungen** präsentiert die Kunsthalle jährlich. Ausstellungen alter und neuer Meister, Pop-Art und Volkskunst, Mode und Schmuck, Fotografie und Design – alles, was künstlerisch Sinn macht. Die Architektur des Gebäudes kann man auch im Museumscafé auf sich wirken lassen, von dem man direkt in die Museumsbuchhandlung blickt.

❯ Museumpark, Westzeedijk 341, Tel. 010 44003000, www.kunsthal.nl, Di.–Sa. 10–17, So. 11–17 Uhr, 10 €, Metro: Leuvehaven

⑮ WITTE DE WITHSTRAAT ★★ [M5]

Museumsviertel und die Museen am Leuvehaven verbindet die Witte de Withstraat. Einst dealten hier Drogenhändler, blühte das illegale Glücksspiel, war das Sträßchen ein Hort der Kriminalität. Heute ist sie die vielleicht **lebendigste Straße** der Stadt, verleihen ihr Museen und Galerien, Boutiquen und Szenekneipen jenes Flair, das typisch für Rotterdam ist.

Tag und Nacht pulsiert das Leben in der Witte de Withstraat, welche die maritimen Museen am Leuvehaven mit den großen Musentempeln der Stadt wie der Kunsthalle ⑭ oder dem Museum Boijmans Van Beuningen ⑫ verbindet. Im Sommer sitzen

▶ *Afrikanisch-arabisches Zeugnis Rotterdamer Multikulturalität: das Hotel und Restaurant Bazar*

die Besucher auf kleinen Terrassen unter Schatten spendenden Bäumen vor Cafés und Restaurants, im Winter drinnen in heimeligen Kneipen. Edellokale finden sich in der Witte de Withstraat neben Dönerbuden und Bagel-Shops, Kunstgalerien neben Designerläden.

1871 schlug die Geburtsstunde des Sträßchens, durch das um 1900 die erste von Pferden gezogene Trambahn fuhr. Ende der 1980er-Jahre aber war das Viertel übel beleumundet, machten Touristen einen großen Bogen um das Quartier, in dem die Prostitution ebenso zu Hause war wie **Drogenhandel und Glücksspiel.** In den 1990er-Jahren aber begann sich das Bild zu wandeln, sorgten Rotterdams Ordnungsbehörden mit einer toleranzlosen Verfolgung krimineller Taten für den Umschwung. Kunst und Kultur hielten Einzug, Gastronomen erschlossen die Straße als neue Meile der Lebenslust. Und pfiffige Boutiquen fanden hier schließlich jenes Publikum, das sie sonst in der Stadt vermissten. Die Witte de Withstraat wurde zum neuen Szeneviertel Rotterdams.

Zu den Ersten, die sich hier niederließen, gehörte das **Witte de With-**

EXTRATIPP

Gehobener Globetrotter-Treff: De Bazar

Der Name ist Programm: Als Hotel (s. S. 123) und Restaurant (s. S. 30) verkörpert das „Bazar" jene Mischung aus Exotik und Weltläufigkeit, die Rotterdams Attraktivität heute ausmacht. Im Restaurant werden afrikanische und arabische Speisen serviert, sitzt man an bunten Holztischen in Korbsesseln. Unter zehn Euro kostet das täglich wechselnde Tagesmenü, das bis spätabends serviert wird. Nicht weniger ausgefallen präsentiert sich das Hotel in den Stockwerken darüber, in denen jede Etage ihr eigenes Gesicht hat: arabisch, afrikanisch oder mittelamerikanisch. Die Einrichtung hat der Hausherr, der mit neun Zimmern angefangen hatte und heute fast 30 vermieten kann, selbst zusammengesucht. Einen Teil der Ausstattung wie etwa die Lampen vertreibt er unten an der Rezeption, die mehr einem Bazar als einem Hotelempfang gleicht.

038br Abb.: gs

Zentrum für Gegenwartskunst (s. S. 44), das mit aktuellen Ausstellungen genau den Zeitgeist eines großstädtischen Metropolenpublikums traf und bis heute mit aktuellen Kunstaktionen auf sich aufmerksam macht. Dies gilt auch für TENT (s. S. 44), eine im gleichen Haus befindliche Kunsteinrichtung, die sich auf visuelle Kunst spezialisiert hat.

> Metro: Leuvehaven oder Eendrachtsplein

DAS MARITIME ROTTERDAM – RUND UM DEN HAFEN

⑯ HAFENMUSEUM (HAVENMUSEUM) ★ ★ ★ [M5]

Das Hafenmuseum ist kein gewöhnliches Museum, eher ein Stück Nostalgie zum Anfassen. Rund um den Hafen liegen betriebsbereite Schiffe,

039rd Abb.: gs

die man erobern kann, stehen Kräne und Maschinen, die hin und wieder noch in Gebrauch sind. Und zwischendurch wird gearbeitet, halten Museumsmitarbeiter ein Stück Rotterdamer Schifffahrtsgeschichte am Leben.

Es ist, als sei die **Zeit hier stehen geblieben:** alte Hafenloks neben schwenkbaren Kränen, Anker neben rostigem Schiffszubehör – und dazwischen dampfende Schiffe. Rotterdams Hafenmuseum nennt sich selbst ein „arbeitendes" Museum. Betagte Dockarbeiter stehen für jeden Rat zur Verfügung, Freizeitkapitäne nehmen den Besucher hin und wieder gern auf eine kleine Rundfahrt mit.

Rotterdams Hafenmuseum gilt als **größtes kulturhistorisches Museum der Niederlande.** Die Kollektion seiner Schiffe, Handwerksgeräte, Motoren und anderer Maschinen reicht bis ins Jahr 1850 zurück und erzählt von Rotterdams wechselvoller Hafengeschichte. Schlepper aus den ersten Nachkriegsjahren liegen so neben über hundert Jahre alten Booten. Schiffe, deren Geschichte man auf der Webseite des Museums bis ins technisch letzte Detail nachlesen kann.

Spezialisten kommen im Hafenmuseum ebenso auf ihre Kosten wie Stadtbummler, zählt doch der Gang über die Kais bei gutem Wetter zu den Highlights jedes Rotterdambesuchs. Wer tagsüber nicht dazu kommt: Abends präsentieren sich die alten Kräne und Maschinen illuminiert, wird der Hafen zum **Technik-Zauberwald.**

> Leuvehaven 50, Tel. 010 4048072, www.havenmuseum.nl, Di.–Sa. 10–17, So. 11–17 Uhr (montags nur im Juli und August geöffnet, 10–17 Uhr), Eintritt frei, Metro: Leuvehaven

WALK OF FAME

„Europas größter Star-Boulevard" nennt sich der Bürgersteig an der Hafenseite des Schiedamsedijk voller Stolz. Hollywoods berühmter „Walk of Fame" hat ihm Pate gestanden, doch inzwischen ist er etwas in die Jahre gekommen: der Rotterdamer Walk of Fame.

Olympiasieger und Boxer Bep van Klaveren hatte als Erster im März 1989 seine Hände in frischen Beton gedrückt und sich so auf dem Boden des Bürgersteigs verewigt. Hunderte haben es ihm inzwischen nachgetan, ihre Hände oder Füße für immer in Rotterdam verewigt. Die Liste der Gäste liest sich wie ein *„Who is who"* **der Superstars.** Zu den deutschsprachigen Berühmtheiten zählen neben Rex Gildo oder Udo Jürgens auch die Scorpions. Mit Handabdrücken vertreten sind unter anderem Donovan, Don McLean, Lionel Hampton, Suzunne Vega, Shirley Bassey, Cliff Richard, Barry Manilow, Brian Adams, Roger Whittaker, B.B. King und der niederländische Fußballgott Johan Cruyff. Mit Fußabdrücken präsentieren sich Stars wie Gilbert Bécaud, Julio Iglesias, Tom Jones, Dave Stewart oder Dizzy Gillespie. Gleich in Gruppenstärke haben sich Spandau Ballet, UB 40, Golden Earring, Roxette und die Commodores verewigt. Weitere Prominente, die ihre Spuren auf Rotterdams Walk of Fame hinterlassen haben, sind auf der Webseite des Star-Boulevards gelistet: www.walkoffame.nl
❭ Metro: Leuvehaven

◀ *Museumsschiff im Hafenmuseum*

⑰ SCHIFFFAHRTSMUSEUM (MARITIEM MUSEUM) ★ ★ ★ [M5]

Mehr als eine halbe Million Exponate nennt das größte und älteste Schifffahrtsmuseum der Niederlande inzwischen sein Eigen. Mit fast 150.000 Besuchern jährlich zählt es zu den meistbesuchten der Stadt. Wechselausstellungen ergänzen die ständigen Attraktionen, zu denen vor allem die „Buffel" gehört, ein renoviertes Kriegsschiff.

Die Museumssammlung hat ihren Ursprung in einer Kollektion des Königlichen Niederländischen Jachtclubs, der schon im 19. Jahrhundert alte Zeichnungen, Gemälde, Karten, Drucke und andere **Exponate aus der Seefahrtsgeschichte** zusammengetragen hatte. Hinzu kommen fast zwei Dutzend Schiffe, von denen das eine oder andere wie die „Buffel" im Hafen vor dem Museum liegt.

Beeindruckend ist die Schau im Erdgeschoss („MainPort Live"), wo packende **Bilder und Filmsequenzen** Europas größten Güterumschlagplatz vorstellen. Einblick in den Rotterdamer Hafen gewährt auch eine Miniaturdarstellung aller Hafeneinrichtungen. Einen Stock höher lebt die niederländische Schifffahrtsgeschichte, erzählen Modelle, Gemälde und Zeichnungen vom Auf und Ab auf den Weltmeeren, von Wikingern und berühmten holländischen Seefahrern.

Im zweiten Stock schließlich kommen vor allem **Kinder** auf ihre Kosten. Beim interaktiven Spiel verrät ihnen „Professor Plons", eine Comicfigur, wie man sicher segelt oder ein Schiff richtig bepackt. Hängematten und Spielautos lassen die Zeit für die Jüngsten schnell vergehen. Zum Verschnaufen lädt das Museumscafé, das immer einen Blick auf den

Leuvehaven garantiert – und auf die „Buffel", das Museumsschiff.

> Leuvehaven 1, 3011 EA Rotterdam, Tel. 010 4132680, www.maritiemmuseum. nl, Di.–Sa. 10–17, So. 11–17 Uhr (montags nur im Juli und August geöffnet, 10–17 Uhr), 7,50 €, Metro: Beurs

⑱ KUBUSHÄUSER ★ ★ ★ [04]

Kopfschütteln oder Bewunderung: Rotterdams Kubushäuser polarisieren die Besucher noch immer. Ohne Zweifel gehören sie zu den architektonischen Highlights der Stadt, weshalb sie auch das Titelbild dieses Reiseführers schmücken.

Die scheinbar auf einer einzigen Spitze stehenden würfelförmigen Bauten sind ein Meisterwerk des Baukünstlers Piet Blom, der mit den Kubushäusern Mitte der 1980er-Jahre die vielleicht **interessanteste Fußgängerbrücke Europas** schuf. Genau betrachtet nämlich verbindet der Bau über eine viel befahrene Straße die Einkaufszentren der Innenstadt mit den Ausgehvierteln am Alten Hafen ⑲.

Schlafen im Kubushaus

Seit Neuestem kann man in den Kubushäusern ⑱ auch übernachten. Die niederländische Hostel-Kette Stayokay vermietet in dem Gebäude einige Zimmer, von denen jedes anders aussieht, sich durch Lichteinfall, Grundriss oder Fensterblick von den anderen unterscheidet. Die Übernachtungspreise starten bei 23,50 € p. P. inklusive Frühstück im Mehrbettzimmer. So nah kommt man weltberühmter Meisterarchitektur selten.

> **Stayokay Rotterdam**, Overblaak 85–87, Tel. 010 4365763, www.stayokay.com (s. S. 125)

Schon in den 1970er-Jahren hatte der vom Strukturalismus geprägte niederländische Architekt Piet Blom (1934–1999) erste Entwürfe seiner Kubushäuser vorgelegt. Für ihn waren sie **eine Art städtischer Wald:** jedes Haus ein Baum, mit einem Stamm aus Stahlbetonsäulen und der Wohneinheit als Krone. 74 Kuben sollten es ursprünglich werden, aus Geldmangel waren es zum Schluss nur gut 50.

Die sogenannte Promenade-Ebene ist **öffentlich zugänglich.** Dort auch finden sich ein kleines Restaurant, ein paar unbedeutende Läden – und seit Neuestem eine Jugendherberge (siehe unten). Vom öffentlichen Mittelgang aus sind die einzelnen Kuben-Wohnungen zugänglich, deren geneigte Glasfenster dem Betrachter sofort ins Auge fallen. Eins der Häuser ist als Museum eingerichtet und mit Möbeln ausgestattet, erlaubt dem Interessierten einen Blick ins Innere. Übrigens: Auch der unmittelbar an die Kubushäuser grenzende Blaaktower, ein großes, rundes Wohnhaus, stammt von Piet Blom und ist ein weiteres Beispiel moderner Avantgarde-Architektur in Rotterdam.

> Metro: Blaak

⑲ ALTER HAFEN (OUDE HAVEN) ★ ★ [04]

Der Alte Hafen ist heute eins der **populärsten Ausgehviertel** der Stadt und die älteste Hafenanlage Rotterdams. Vor allem im Sommer sitzen die Menschen hier bis spät in die Nacht entlang der Kais, in Cafés und Kneipen wie dem Weimar1890 (s. S. 31), wo man den Sonnenuntergang besonders genießen kann.

Schon im Mittelalter sollen hier die ersten Schiffe angelegt haben, ehe

der Hafen im 20. Jahrhundert schließlich ausgedient hatte. Heute liegen im Alten Hafen nur noch ein paar **Hausboote** und hin und wieder eine Minijacht. Eine Stippvisite wert ist die kleine Werft Koningspoort am Südende, wo man Fachleuten beim Renovieren alter Boote zusehen kann. Etwas ruhiger geht es in den östlich anschließenden Hafenanlagen zu – etwa im Ende des 16. Jahrhunderts angelegten Haringvliet, wo, wie der Name schon sagt, einst die Heringsfischer ihre Fänge anlandeten.

❭ Metro: Blaak

⑳ HET WITTE HUIS ★ ★ [O4]

Eine Zeit lang war es der erste Wolkenkratzer auf dem Kontinent, das höchste Kontorhaus Europas: das Weiße Haus. Heute gehört das Witte Huis zu dem von der **UNESCO geschützten Weltkulturerbe.**

43 Meter reckt sich das Weiße Haus an der Ecke zwischen Wijnhaven und Oude Haven ⑲ in die Höhe. Fast 130.000 Gulden ließ sich der Unternehmer J. H. Stelwagen den Bau einst kosten, den der Architekt Willem Molenbroek im damals üblichen **Art-nouveau-Stil** entworfen hatte. Mehr als Tausend Pfähle wurden als Fundament in den sumpfigen Untergrund gerammt, glaubten doch viele nicht daran, dass ein so hohes Gebäude hier auf Dauer festen Halt finden sollte.

1898 war das Gebäude schließlich fertig, das eine mit dem Lift zu erreichende **Aussichtsplattform** krönte und bei schönem Wetter einen weiten Blick über die Stadt erlaubte. Für die Vorderfront schuf der Bildhauer Simon Miedema eine Reihe allegorischer Figuren, die noch heute

▲ *Beliebtes Ausgehviertel:*
rund um den Alten Hafen

Blickfang sind. Als eines der wenigen Gebäude überstand das Weiße Haus die Bombardierung der Innenstadt – und auch die Kugeln deutscher Truppen konnten ihm wenig anhaben. Heute gibt es eine vor allem bei Bikern beliebte Kneipe im Untergeschoss des Hauses.

㉑ SCHIFFFAHRTSQUARTIER (SCHEEPVAARTS-KWARTIER) ★ ★ ★ [M7]

Das Viertel um den Veerhaven ist das Vorzeigequartier Rotterdams, geprägt von einigen der schönsten Häuser der Stadt. Hier waren einst die sogenannten Hafenbarone zu Hause. Reeder und Händler, deren prachtvolle Geschäftsbauten und Herrenhäuser dem Stadtteil noch heute gut zu Gesicht stehen. Seiner Geschichte verdankt das Viertel auch seinen Namen.

Der Westzeedijk, eine mehrspurige Straße und eine der wichtigen Verkehrsachsen Rotterdams, grenzt den Stadtteil nach Norden vom Museumsviertel ab. Maastunnel und Erasmusbrücke ㉔ sind seine westlichen und östlichen Flanken und im Süden stößt er ans Ufer der Maas. Mit dem Park zu Füßen des Euromast-Tunnels verfügt das Quartier zudem über eine vor allem im Sommer viel besuchte **grüne Oase**.

Mitte des 19. Jahrhunderts wurde das Viertel von den Stadtplanern auf dem Reißbrett als ganz neues Quartier geplant. Als Siedlungsgebiet für Rotterdams neue „Upperclass", die ihren Reichtum dem Hafen und dem damit verbundenen Handel verdankte. Viele der Häuser rund um den Veerhaven verströmen noch heute diesen Geist wohlhabenden Besitzbürgertums. **Stuckgiebel und allegorische Statuen** an den Erkern fallen immer wieder ins Auge.

Auch heute gehört das Quartier zu den **Vorzeigevierteln** der Niederlande. Hier ist gewöhnlich zu Hause, wer Geld oder in der Stadt etwas zu sagen hat. Mit dem Sternelokal „Parkheuvel" und anderen Restaurants gilt das Scheepvaartskwartier zudem

041rd Abb.: gs

Wereldmuseum – Weltmuseum

Ende 2009 eröffnete es nach langer Renovierung wieder: Rotterdams Weltmuseum. Designer und Multimedia-Spezialisten haben aus der in die Jahre gekommenen Sammlung ethnologischer Kunst- und Gebrauchsgegenstände ein dynamisches Zentrum der Weltkulturen gemacht. Die seit 1885 bestehende Sammlung verfügt heute über rund 100.000 Objekte und fast noch einmal so viele Fotos. Die interessantesten präsentiert eine Dauerausstellung: Objekte aus Asien, Afrika, Ozeanien, Amerika und der Islamischen Welt. Besonders schöne Ausstellungsstücke kommen aus Tibet und Japan, aber auch aus Papua-Neuguinea. Zum Museumsangebot gehören auch zwei oder drei Wechselausstellungen im Jahr sowie regelmäßige Kinoabende oder Vorführungen von Tänzen oder anderen kulturellen Ausdrucksformen. Es gibt außerdem eine noble Weinbar und ein Restaurant mit mediterran angehauchter Küche (Lunch: 12–14.30, Dinner 18–22 Uhr).

🚇114 [M6] **Wereldmuseum Rotterdam,** Willemskade 25, Tel. 010 2707172, www.wereldmuseum.rotterdam.nl, Di.–So. 10–22 Uhr, 12 €

allem daran, dass das Schifffahrtsquartier **vom Bombenangriff im Mai 1940 verschont** blieb. Lediglich ein paar Einschusslöcher an den Wänden eines Eckhauses an der Westerkade zeugen noch heute vom deutschen Angriff, als Bodentruppen von der anderen Maasseite her die Stadt beschossen. Heute zieht hier Zar Peter der Große (1672–1725) die Blicke auf sich – ein Denkmal, das die Russen 1997 der Stadt Rotterdam schenkten.

Kern des Schifffahrtsquartiers ist **der alte Veerhaven,** in dem heute meist Segelboote oder kleine Jachten liegen und von wo aus die Wassertaxen auf die andere Maasseite und Richtung Innenstadt starten. Außerdem dient er hin und wieder großen Segelregatten als Etappenziel. Citybummler treffen im Schifffahrtsquartier zudem auf zwei interessante Museen: das Niederländische Museum für Zölle und Steuern in der Parklaan (s. S. 43) und das neu renovierte Weltmuseum (Wereldmuseum).

> Metro: Leuvehaven

22 EUROMAST ★ ★ ★ [K7]

Lange Jahre war der Euromast das Wahrzeichen Rotterdams. Heute dient er Touristen als Aussichtsplattform und Restaurant, aber auch als Minihotel und Abenteuerspielplatz. So können sich Wagemutige zwischen Mai und September vom Turm aus unter fachkundiger Anleitung in die Tiefe stürzen – am sicheren Seil versteht sich.

auch als Ausgehadresse für alle, denen es sonst in der Stadt zu laut und zu geschäftig ist. Jüngste Attraktion ist das Westelijk Handels Terrein in der Van Vollenhovenstraat. Dort haben in alten Warenhäusern aus dem 19. Jahrhundert inzwischen Galerien, Restaurants und Bars Unterschlupf gefunden. Schicke Läden, wie man sie so geballt meist nur in Weltstädten findet.

Mit mehr als hundert der in Rotterdam gut 500 registrierten Nationaldenkmäler verfügt das Viertel über die meisten schützenswerten Bauten der Stadt. Das liegt vor

◀ *Zar Peter der Große. Denkmal am Veerhaven*

MAASTUNNEL

*Es ist der **älteste Autotunnel der Niederlande** und noch immer eine der schnellsten Möglichkeiten, die Nieuwe Maas zu queren: Etwa 75.000 Autofahrer nutzen täglich diesen Weg, aber auch Radfahrer oder Fußgänger finden hier einen raschen Übergang vom einen zum anderen Ufer.*

*Gut einen Kilometer ist die 1942 fertiggestellte Tunnelanlage – direkt zu Füßen des Euromast – lang, gut die Hälfte davon überdacht. Dem Bau vorausgegangen waren lebhafte Diskussionen, ob eine Brücke über den Fluss nicht doch besser sei. Die aber wäre teurer gekommen, hätte sie doch mindestens 60 Meter hoch sein müssen, um auch großen Schiffen die Einfahrt in die Stadt zu erlauben. 1937 begann man mit dem Bau des Maastunnels, der zum **Vorbild weiterer Tunnelanlagen** in den Niederlanden wurde.*

❯ *Metro: Coolhaven*

In knapp vierwöchiger Bauzeit soll der Turm des Euromast 1960 zur Gartenbauausstellung „Floriade" entstanden sein. Ein mehr als 100 Meter hoher Betonriese mit gut 30 Zentimeter dicken Wänden. Zehn Jahre später pflanzte man ihm einen weiteren Mast auf, den sogenannten Space Tower. Während den Besucher heute schnelle Aufzüge auf die Plattform rund um das Panorama-Restaurant schaffen, schraubt sich das „Euroscoop" etwas gemächlicher auf **luftige 185 Meter Höhe** weiter. Von dort reicht der Blick bei gutem Wetter bis zur Nordsee, vor allem aber auf das neue Rotterdam mit seinen spektakulären Wolkenkratzern. Zwei

teure Hotelsuiten (s. S. 123) bieten neben einmaligen Sonnenaufgängen auch ein wenig 1960er-Jahre-Feeling und eine Flasche Champagner zur Begrüßung.

Abenteuerlustige ab 16 Jahren können sich im Sommer **von der Aussichtsplattform abseilen.** Außer Schwindel- und Angstfreiheit und ein bisschen Beweglichkeit muss man keine speziellen Voraussetzungen für das „Abseiling" mitbringen, das jedes Wochenende angeboten wird. Außer am letzten Sonntag im Monat, wenn auf dem Euromast der Turbo eingelegt wird. „Rope sliding" heißt es, wenn es dann mit Tempo 100 in 15 Sekunden am Seil nach unten geht. Da braucht man schon Nerven. 45 € kostet der Spaß pro Person, den man unter www.heightspecialists.nl schon Monate im Voraus buchen sollte.

❯ **Euromast,** Parkhaven 20,
   Tel. 010 4364811, www.euromast.nl,
   April–September Mo.–So. 9.30–22 Uhr,
   Oktober–März Mo.–So. 10–22 Uhr,
   8,70 €, Metro: Coolhaven

㉓ LLOYD-QUARTIER (LLOYDKWARTIER) ⭐ [K7]

Das Rotterdam der Moderne zeigt sich besonders gut im Lloyd-Quartier, das als das **kreativste Viertel der Stadt** gilt. Hier hat man in den letzten Jahren versucht, Wohnen, Arbeiten und Freizeit unter einen Hut zu bringen. So sind hier wie auf dem Müllerpier gegenüber dem Parkhaven Büros und Ateliers neben neuen

▶ *Moderne Architektur im Lloyd-Quartier: das Scheepvaarts-en Transportcollege*

042rd Abb.: gs

Seinen Namen verdankt das Viertel dem Gebäude der **ehemaligen Rotterdamer Reederei Lloyd**, die vor allem mit regelmäßigen Schiffsverbindungen in die ehemals niederländischen Kolonien ihr Geld verdiente. Der aus dem Jahr 1922 stammende Firmensitz, heute im Besitz eines großen deutschen Logistikkonzerns, wird inzwischen als Büro- und Wohngebäude genutzt. Über die Grenzen der Stadt hinaus ist auch die Schiecentrale (Lloydstraat 5) bekannt geworden, das ehemalige Elektrizitätswerk der Stadt, in dem mit dem Hotel Stroom (s. S. 124) ein trendiges Boutiquehotel Platz gefunden hat.

> Metro: Coolhaven

㉔ ERASMUSBRÜCKE ★ ★ ★ [N6]

Sie ist das neue Wahrzeichen der Stadt, städtebauliches Aushängeschild und Symbol des neuen Rotterdam. Rund 800 Meter spannt sich die täglich von mehr als 20.000 Menschen genutzte Brücke über die Nieuwe Maas.

Das auf mächtigen Stahlbetonträgern ruhende, 6800 Tonnen schwere Bauwerk bietet getrennte Trassen für Autofahrer, Straßenbahn, Radreisende und Fußgänger – und verbindet den Norden der Stadt mit den immer wichtiger werdenden Stadtteilen im Süden. Blickfang der Schrägseilbrücke ist der auf einer Höhe von 79 Metern deutlich geneigte Stahlpylon, der am Südufer 139 Meter in die Luft ragt und dem Bauwerk den **Spitznamen „Der Schwan"** eingebracht hat. Auf seiner Rückseite wird er von acht massiven Stahlseilen gehalten, in der anderen Richtung nehmen 32 kleinere Stahlseile die Kräfte der Hauptbrücke auf. 280 Meter beträgt die Hauptspannweite der Brücke, die in nur

Wohnungen am Wasser entstanden. Kleine Sportplätze, aber auch Restaurants, Klubs und Theater wie das O. T. Theater (Onafhankelijk Toneel) sollen den Freizeitbedürfnissen der Bewohner entgegenkommen.

Schiehaven: Schiffswerft „De Delft"

Im Schiehaven zimmern Männer und Frauen unter fachkundiger Anleitung zurzeit ein großes Kriegsschiff zusammen. Eine Nachbildung der „Delft", die 1797 von der englischen Flotte versenkt wurde. Das Projekt, bei dem die damals üblichen Techniken der Schiffsfertigung erprobt werden, gibt einen Eindruck, wie einst auf den Werften Rotterdams gearbeitet wurde. Mit 63 Metern Länge soll die „Delft" einmal eines **der größten Schiffsreplikate der Welt** sein. Ein Modell im Maßstab 1:10 kann man auf der Museumswerft jetzt schon bewundern

● 115 [J7] **Schiffswerft „De Delft"**, Schiehaven 15, Tel. 010 2760115, www.dedelft.nl, Di.–Fr. 10–16, Sa.–So. 11–17 Uhr, 6 €

wenigen Minuten auf einem 63 Meter breiten Abschnitt hydraulisch angehoben werden kann und so auch größeren Schiffen die Durchfahrt ermöglicht. Citybummlern sei empfohlen, auch einmal abends die Brücke aufzusuchen, die dann eindrucksvoll ins Licht gesetzt ist.

Unterhalb der Brücke starten die Boote der Firma SPIDO zu den **täglichen Hafenrundfahrten** (s. S. 121). Ein kleines, neues Museum erzählt außerdem aus der Geschichte Europas größten Hafens.

❯ Metro: Leuvehaven oder Wilhelminaplein

🔴 WILHELMINA-PIER ★ ★ ★ [N7]

Am Südende der Erasmusbrücke findet sich der Wilhelminaplein. Der Platz ist das Tor zum Kop van Zuid, dem modernsten Teil der Stadt – und eine wichtige Metrostation. Hier hat das „Manhattan an der Maas" für jeden sichtbar Gestalt angenommen.

043rd Abb.: gs

Mit seiner tomatenroten Außenfassade fällt einem das Neue Luxor Theater (s. S. 39) sofort ins Auge, inzwischen einer der populärsten Musical-Paläste der Niederlande. Eigentlicher Blickfang aber ist das vom Stararchitekten Renzo Piano geplante **Telecom-Gebäude mit seinen Leuchtfassaden,** die sich zum Teil schwindelerregend nach vorne neigen. „Das Gebäude", hat der renommierte Architekt diese Schieflage verteidigt, ist „Teil des Rotterdamer Hafens. Und dort stehen die Kräne ja auch nicht alle gerade."

Gegenüber findet sich der „Maasturm" (Maastoren), **Hollands höchster Wolkenkratzer,** der gerade fertig geworden ist: ein 165 Meter hohes Hochhaus, 44 Stockwerke mit 38.000 Quadratmetern Bürofläche. Wie ein Chamäleon wechselt seine Aluminiumhaut die Farbe, je nachdem, wie die Sonne den Hochhausriesen berührt.

Rund zehn Fußminuten weiter westlich, an der Spitze des Wilhelmina-Piers, findet sich das Hotel New York. Ein backsteinerner Gründerzeitbau mit zwei kupferdachgrünen Uhrtürmen. Ursprünglich beherbergte er das Hauptquartier der Holland-Amerika-Linie (HAL), einer unter dem Namen Plate, Reuchlin & Co gegründeten Reederei. Viele Hunderttausend Menschen brachen von hier seit den 1870er-Jahren in die Neue Welt auf. Nach aufwendiger Restaurierung in den 1990er-Jahren beherbergt das alte Verwaltungsgebäude jetzt ein Hotel (s. S. 124) nebst Restaurant,

◀ *Das Hotel New York: einer der beliebtesten Treffs in Rotterdam*

dessen Freilufterrasse vor allem im Sommer eines der populärsten touristischen Ziele der Stadt ist.

Rechts und links vom Hotel ragen zwei Hochhäuser auf, denen Rotterdam seinen Ruf als **Stadt der Wolkenkratzer** verdankt. Zur Linken Norman Fosters 125 Meter hohes World Port Center, der Sitz der Hafenverwaltung. Ein halb gerundeter Bau, der auf Betrachter wie eine große Kommandobrücke wirkt. Rechts schießt das nach Plänen der Architektengruppe Mecanoo realisierte Appartementhaus Montevideo mit 151 Metern Höhe in den Rotterdamer Himmel.

Neu herausgeputzt wurde wenig weiter auch das alte Warenlager Las Palmas, in dem heute das **Niederländische Fotomuseum** (s. S. 43) untergebracht ist.

❯ Metro: Wilhelminaplein

㉖ KOP VAN ZUID ★ ★ [P6]

Der Kop van Zuid, dessen Ausbau noch längst nicht abgeschlossen ist, gilt als Rotterdams Vorzeige-Stadtteil. Hier, wo einst die wichtigsten Hafenanlagen der Stadt waren, sollen in den nächsten Jahren viele Tausend neue Wohnungen entstehen, aber auch Büros und andere öffentliche Einrichtungen.

Mehr als hundert Hektar ist das Gebiet südlich der Erasmusbrücke ㉔ groß, der Kop van Zuid, also **der südliche Kopf Rotterdams.** Nachdem die zahlreichen Häfen dort nach und nach aufgegeben und weiter Richtung Nordsee verlagert wurden, geriet die Gegend immer mehr zur Problemzone. Bandenkriminalität, Prostitution und Drogenhandel waren die Sorgenkinder, welche die Stadt vor besondere Herausforderungen stellte. Ende der 1980er-Jahre stellte man

deshalb einen Entwicklungsplan auf, der bis Ende dieses Jahrzehnts 755.000 Quadratmeter neue Wohn- und 400.000 Quadratmeter neue Büroflächen schaffen soll: mindestens 15.000 neue Wohnungen und 18.000 Arbeitsplätze.

Zum Vorzeigeprojekt wurde der Wilhelmina-Pier. Diese Halbinsel steht heute symbolisch für das „Manhattan an der Maas", das Rotterdam der Hochhäuser. Statt auf öffentliche Finanzierung setzte man hier auf Privatinvestoren, die den Bau luxuriöser Hochhaus-Wohnungen am Wasser vorantrieben. Die Autos wurden auf **unterirdische Parkplätze** verbannt, die Erdgeschosse für Läden und Restaurants freigehalten.

Gegenüber dem Wilhelmina-Pier ㉕ am Ende des 1891 in Betrieb genommenen Rijnhavens schufen Architekten am Hillekopplein die achtgeschossige Hochschule Inholland, ebenfalls ein architektonisches Meisterwerk. Rund 5000 Studenten studieren hier in einem Glaspalast, der im Sommer freilich seine Schattenseiten offenbart, wenn die Sonne die Räume so aufheizt, dass es die Studierenden in Massen auf die Dachterrasse treibt.

Auch rund um Spoorwegh- und Koningshaven entstanden neue Wohnungen und Dienstleistungsbauten. Zum Teil, wie bei der Bebauung rund um den Entrepothaven, bemühten sich die Planer, möglichst viel der alten Hafenatmosphäre zu erhalten. So ließ man das alte Lagerhaus „De Vijf Werelddelen" (Die Fünf Kontinente) aus dem Jahr 1879 stehen, in dessen Obergeschossen man neuen Wohnraum schuf, Läden und Restaurants im Erdgeschoss. Erhalten blieb auch ein altes Gebäude in der Stieltjesstraat, in dem inzwischen **Rotterdams exklusivstes Hotel,** das

044rd Abb.: gs

Suitehotel Pincoffs (s. S. 124 Exkurs), Unterschlupf gefunden hat.

Architektonisch gelungen präsentiert sich nicht viel weiter der V-förmig geschwungene **Wohnblock „De Peperklip"** mit mehr als 500 Wohnungen. Ihr eigenes Gesicht hat mittlerweile auch die Halbinsel zwischen Rijn- und Maashaven. Für teilweise nur einen Euro wurden dort Altbauten an wohnungssuchende junge Familien verkauft, die sich im Gegenzug allerdings verpflichten mussten, die alten Häuser komplett zu renovieren und sie mit neuem Leben zu füllen.

Am Ausgang des Maashavens liegt inzwischen auch für immer die SS Rotterdam, das größte in den Niederlanden gebaute Passagierschiff. Der **ausgediente Luxus-Liner** wird heute als Hotel und Restaurant genutzt (s. S. 87 Extratipp).

Touristisch betrachtet ist der Bummel durch das neue Rotterdam ein **Spaziergang durch den Alltag**. Durch neue architektonische Welten, die zeigen, was modernen Städtebau heute ausmacht. Museen oder Sehenswürdigkeiten gibt es – abgesehen vom Wilhelmina-Pier **25** – dabei nicht zu entdecken. Aber wer Zeit hat, sollte ruhig einmal auf dem Kop van Zuid auf Tour gehen.

> Metro: Wilhelminaplein, Rijnhaven, Maashaven

27 DE HEF (KONINGSHAVENBRUG) ★ [P5]

Einst war sie eine der wichtigsten Eisenbahnbrücken der Stadt, doch seit 1993 queren die Züge die Nieuwe Maas unterirdisch im Willemsspoortunnel. So ist die mächtige Hebebrücke heute nur noch ein **Denkmal**. Die Brückenpfeiler stammen von 1878. Ursprünglich war die Koningshavenbrug eine Drehbrücke, die 1918 ein deutsches Schiff von ihrer Stütze rammte. Anschließend

EXTRATIPP

RUND UMS ZENTRUM

SS Rotterdam –
im Ozeanriesen übernachten

Einst war die SS Rotterdam (s. S. 124) das größte Passagierschiff der Niederlande. 1958 war es vom Stapel gelaufen und Jahrzehnte als Luxusliner überall in der Welt unterwegs, im Sommer im Norden Alaskas, im Winter in der Karibik. An Bord gut zahlende Gäste, die sich gern verwöhnen ließen. Kurz vor der Jahrtausendwende aber wurde aus der SS Rotterdam die SS Rembrandt, deren neue Eigner freilich kaum Aufgaben für das Schiff hatten. Nach einer Generalüberholung in Polen und Wilhelmshaven kehrte der Ozeanriese schließlich in seinen alten Heimathafen Rotterdam zurück, wo er inzwischen am Katendrechtse Hoofd **für immer Anker geworfen** hat.

Im Schiff selbst blieb fast alles beim Alten: So kann man heute auf dem **ehemaligen Luxusliner** wohnen und speisen, Einkaufen und gar ins Theater gehen. 257 Kabinen vermitteln Übernachtungsgästen authentisches Kreuzfahrerflair, zwei Restaurants und drei Bars machen glauben, man sei unterwegs auf den Weltmeeren. 14 große Säle stehen für Tagungen zur Verfügung, dazu ein paar Geschäfte. Sogar einen Theatersaal gibt es an Bord.

㉘ STADION FEYENOORD ★ ★ [S9]

Fußballfreunden in ganz Europa ist das Stadion ein Begriff, das im Volksmund nur *De Kuip* heißt, zu Deutsch „Die Wanne". Hier ist mit Feyenoord Rotterdam der renommierteste Fußballklub der Stadt zu Hause. Außerdem ist das **zweitgrößte Stadion des Landes** mit seinen gut 50.000 überdachten Sitzplätzen immer wieder Schauplatz internationaler Fußballbegegnungen oder großer Rockkonzerte.

De Kuip wurde Mitte der 1930er-Jahre gebaut und 1994 mit einem Halbdach ausgestattet, das die meisten Sitzplätze überdeckt. Mittwochs bis samstags gibt es eineinhalbstündige Führungen durch das Stadion. Über seine Geschichte und die Fußballerfolge informiert das **Feyenoord-Museum**. Inzwischen wird bereits der „Nieuwe Kuip" geplant, der einmal nahe dem Maasufer unweit vom alten Stadion entstehen soll.

❯ **De Kuip,** Van Zandvlietplein 1, Tel. 010 2926822, www.dekuip.nl. Stadionführungen Mi.–Sa. 12.30 und 14.30, Do.–Sa. auch 10.30 Uhr, 11,50 €

❯ **Feyenoord Museum,** Mi. 12.30–16, Do.–Sa. 10–16.30 Uhr, 5 €

❯ Straßenbahn: Tram 23 bis Stadion

㉙ VAN NELLE FABRIEK ★ ★ [G4]

Direkt am Fluss Schie, etwas außerhalb des Stadtkerns, liegt das vielleicht interessanteste Industriedenkmal der Niederlande: die Van Nelle Fabriek. Ein Meisterstück der Architektur der späten 1920er-Jahre. Das inzwischen aufwendig sanierte Fabrikgelände ist heute Nationaldenkmal und soll schon bald zum Weltkulturerbe gehören.

ersetzte man die sich als wenig praktisch erwiesene Dreh- durch eine Hebebrücke. Jahrzehnte war die Koningshavenbrug so ein wichtiges Glied der Eisenbahnstrecke Rotterdam–Brüssel bis sie durch den Tunnelbau überflüssig wurde.

❯ Metro: Wilhelminaplein

◀ *Moderne Architektur auf dem Kop van Zuid*

Die einst von Leendert van der Vlugt konzipierten Firmengebäude wurden bis Ende des letzten Jahrhunderts zur Fertigung und Veredlung von Kaffee, Tee und Tabak genutzt. Nach Einstellung der Produktion entwickelten Stadt und Denkmalpflege den Plan, die Fabrikhallen weiter zu nutzen. Nach **gründlicher Sanierung** dienen sie heute Medienschaffenden, Designern, Architekten und anderen Dienstleistern als Büro.

Ursprünglich wurde die Van Nelle Fabrik in **Stahlbetonskelett-Bauweise** errichtet, die viel Platz für Luft und Licht ließ. Davon wollte man bei der Renovierung so viel wie möglich erhalten. Als Glücksfall erwies sich auch, dass der Architekt einst sämtliche Treppenhäuser, Fahrstuhlschächte, Toiletten und Waschräume außerhalb der eigentlichen Produktionsräume platziert hatte, sodass man die Firma ohne große Eingriffe in die Bausubstanz komplett sanieren konnte. Um das Binnenklima zu optimieren, wurde innen eine neue, von außen so gut wie nicht sichtbare Fassade aus Glas und Aluminium eingezogen, die das historische Äußere kaum beeinträchtigt.

Treffpunkt der heute dort Beschäftigten ist ein offener Lunchroom mit Café. Konferenzräume, die als **gläserne Boxen** in den Bau integriert wurden, lassen sich für Firmenpräsentationen oder Kongresse nutzen. Und auf dem Dach lockt ein Teepavillon mit Blick auf die Stadt.

▶ *Aquarium im Zoo: Rotterdams meistbesuchte Touristenattraktion*

❯ **Van Nelle Ontwerpfabriek**, Van Nelleweg 1, www.ontwerpfabriek.nl, Metro: Centraal Station. Die Firma kann von außen immer besichtigt werden. Geführte Touren durch das Gelände organisieren die Rotterdamer Archiguides (s. S. 121, www.rotterdam-archiguides.nl).

30 ZOO ROTTERDAM (DIERGAARDE BLIJDORP) ★ ★ ★ [I3]

Der Tierpark Blijdorp ist die größte Attraktion der Stadt und mit mehr als eineinhalb Millionen Besuchern jährlich auch der wichtigste Fremdenverkehrsmagnet. Mit seinen großen Freigehegen zählt der 1857 eröffnete Zoo zu den schönsten Europas.

Knapp fünfzehn Fußminuten sind es vom Hauptbahnhof ❶ Richtung Norden in den Rotterdamer Zoo, der seinen gestiegenen Zuspruch vor allem dem Oceanium verdankt, einem **spektakulären Aquarium mit meterlangen Glastunneln**. Haien und anderen Meeresbewohnern begegnet man hier fast hautnah. Nebenan tummeln sich Pinguine und Riesenschildkröten von den Galapagosinseln, räkeln sich Nattern oder Leguane zwischen Kakteen. Den Seelöwen kann man bei ihrer täglichen Fütterung ebenso zuschauen wie Freiflugvorführungen ausgesuchter Großvögel. Giraffen, Elefanten und Tiger fühlen sich in Freigehegen wohl – auch Eisbären, die man im neuen Quartier beim Schwimmen unter Wasser bewundern kann. Und immer wieder gibt es kleine Spezialausstellungen.

Wer will, kann leicht einen halben oder ganzen Tag hier verbringen, durch die neuen und alten Hallen und Gehege bummeln. Eine Kulisse, die auch Filmemacher wie **Peter Greenaway** faszinierten, der hier gern drehte. Kleine Restaurants und Fast-

Food-Stationen sorgen dafür, dass niemand verdursten oder verhungern muss. Und Fußfaule bringt ein kostenpflichtiges Bähnchen von der einen zur anderen Ecke des Zoos.

> **Zoo Rotterdam/Diergaarde Blijdorp,**
Blijdorpplein 8, Tel. 010 4431495, www.rotterdamzoo.nl, tgl. 9–17, sonntags und im Sommer bis 18 Uhr, 18 € (Kinder bis 3 Jahre: frei, ab 9 Jahren 15 €), Metro: Rotterdam Centraal

❸❶ DELFSHAVEN ★ ★ ★ [I6]

Delfshaven ist das Rotterdam aus dem Bilderbuch, ein Stück Nostalgie. Im alten Viertel um den Hafen zeigt sich die Stadt mit historischen Kaufmannshäusern, restaurierten Speichern und Kaianlagen. Sogar eine Mühle versieht hier noch ihren Dienst. Und natürlich findet sich am Hafen auch die Kirche, von der die sogenannten Pilgerväter einst in die Neue Welt aufbrachen.

Wie der Name Delfshaven verrät, war das Quartier einst der Hafen der Stadt Delft. Um ihn herum entwickelte sich schließlich eine unabhängige Stadt, die 1886 nach Rotterdam eingemeindet wurde. **Mehr als 70.000 Einwohner** zählt der Stadtteil heute, dessen Bevölkerung zu mehr als zwei Dritteln aus Marokkanern, Türken und Surinamesen besteht.

Admiral Pieter Pieterzoom Heyn ist der bedeutendste Sohn der Stadt, an den am Eingang zur Altstadt ein Denkmal erinnert. 1577 wurde er in Delfshaven geboren und seine viel beachtete größte Tat war es, den Spaniern im Seekrieg einen wertvollen Silberschatz zu rauben.

Einen Besuch wert ist **der alte Hafen**, dessen Wurzeln ins 14. Jahrhundert reichen. Damals schuf sich die Stadt Delft hier einen Platz zur Verschiffung ihrer Erzeugnisse, einen unabhängigen Zugang zur Nordsee. Den nutzten im Juli 1620 auch die sogenannten Pilgerväter (s. S. 90 Exkurs), die von Delfshaven aus nach Amerika aufbrachen. Glaubt man Chronisten, knieten die Siedler vor ihrer Fahrt in

PILGERVÄTER

*Die Pilgerväter gelten als die **wichtigsten Siedler Amerikas**, die ersten aber waren sie nicht. Ihre Traditionen und ihre vom Puritanismus geprägten Lebenseinstellungen waren treibende Kraft bei der Erschließung des amerikanischen Westens. Genau betrachtet waren die Pilgerväter eine Gruppe britischer Calvinisten, die aus religiösen Gründen in die Niederlande geflüchtet waren. Auch dort aber kamen sie nur schwer mit ihren Glaubenseinstellungen zurecht, sodass sie beschlossen, in die Neue Welt auszuwandern.*

*1620 fuhr die Gruppe per Schiff nach Southampton, wo sich ihnen weitere Separatisten anschlossen. Mit 102 Passagieren verließen die Pilgerväter schließlich im September an Bord der Mayflower das südenglische Plymouth mit Ziel Amerika. Nach rund zwei Monaten auf See erreichten die Auswanderer das heutige Provincetown, wo die Pilgerväter ihre erste Siedlung errichteten und die Umgebung kolonialisierten. Außerdem gaben sie sich eine eigene Satzung, die als Mayflower-Vertrag bekannt wurde und als erstes Dokument amerikanischer Selbstverwaltung gilt. Viele Amerikaner berufen sich bei ihrem Stammbaum auf die Pilgerväter – auch viele US-Präsidenten. In der Zeit der Pilgerväter hat auch einer der bedeutendsten US-Feiertage seinen Ursprung, der sogenannte **Thanksgiving Day**, den man im November feiert und an dem traditionell ein Truthahn auf den Tisch kommt.*

die Neue Welt noch einmal vor der Kirche nieder. Das Gotteshaus in der Aelbrechtskolk 20 wurde deshalb später Kirche der Pilgerväter genannt. Das Gotteshaus steht noch heute, ausgestattet mit Fenstern und Bildern, die an die Geschichte von damals erinnern. Allerdings ist die Kirche nur samstagmittags geöffnet und zu Gottesdienstzeiten, die man auch auf der Webseite (www.pilgrimfatherschurch.nl) findet.

046rd Abb.: gs

Fast immer geöffnet dagegen hat die Wirtschaft nebenan. „Stadsbrouwery De Pelgrim" nennt sie sich selbstbewusst. Eine **alte Brauerei**, in der man den Brauern über die Schulter sehen kann. Pelgrim Pils und Pelgrim Mayflower Triple sind die hauseigenen Biere, die im Sommer im gemütlichen Innenhof oder auf der Freiterrasse am Hafenufer genossen werden können.

Wer es alkoholreicher mag, dem sei **der 1,5 Kilometer lange „Jeneverpfad"** empfohlen, der kreuz und quer durch Delfshaven führt. Vorbei auch an der „De Distilleerketel", einer alten Mühle, in der einst das Malz für die Zubereitung des Genever gemahlen wurde. Statt Wind treibt heute Strom die Mühle an, die mittwochs (13–17 Uhr) und samstags (10–16 Uhr) zur Besichtigung offen steht.

Kunst- und Kulturfreunden sei das Museum „Dubbelde Palmboom" am Voorhaven ans Herz gelegt – ein alter Speicherbau aus dem 19. Jahrhundert, der viel aus dem einstigen Alltagsleben der Stadt erzählt (Museum s. S. 42).

> Metro: Delfshaven

㉜ SCHIEDAM ⭐ [B5]

Nur ein paar Metrostationen sind es von Rotterdam nach Schiedam, das mit dem „Manhattan an der Maas" längst zusammengewachsen ist, sich aber noch immer als selbstständige Stadt präsentiert. Das Städtchen an der Mündung der Schie in die Nieuwe Maas entstand im 13. Jahrhundert und erhielt schon 1275 Stadtrechte. Da der Hafen immer wieder versandete, konnte sich Schiedam nie so richtig als Hafenstadt profilieren. Weltruhm aber verschaffte der Stadt die **Geneverherstellung**, die Ende

des 16. Jahrhunderts begann und bis Ende des 19. Jahrhunderts die Wirtschaft der Stadt bestimmte. Noch heute wird hier der typisch holländische Getreidebranntwein mit dem Wacholdergeschmack hergestellt (s. S. 29 Exkurs „Genever"). Einen Überblick über die Geschichte der Destillierkunst vermittelt das nationale Genevermuseum, in dessen Café auch Kostproben der Brennkunst zu genießen sind. Kenner wollen wissen, dass dort bis zu 400 verschiedene Genever-Sorten im Ausschank sind. Allerdings warnt die Ausstellung im Museum auch vor den Gefahren des übermäßigen Alkoholgenusses.

Der Geneverherstellung ist es auch zu verdanken, dass **Hollands höchste Windmühlen** heute in Schiedam stehen: Fünf alte und eine neue Windkraftanlage, die zum Teil besichtigt werden können. Die modernste mit Namen „De Nolet" stammt aus dem Jahr 2005 und ist mit 55 Metern bei senkrechter Flügelstellung heute die höchste Windmühle der Welt. Sie dient der gleichnamigen Brennerei als Aushängeschild und Energiespender. Für Besucher offen steht auch die „Windmill de Nieuwe Palmboom", in der eine Ausstellung über die Windmühlengeschichte in Schiedam informiert. Und als Restaurant wird die „Noordmolen" genutzt.

Einen Bummel ist die **Altstadt** wert. Dort findet sich die dem Heiligen Johannes geweihte Grote Kerk, eine dreischiffige Hallenkirche aus dem Spätmittelalter, das alte Rathaus aus dem 16. Jahrhundert und die ehemalige

◀ *Delfshaven:*
Heimat der Pilgerväter

Getreidebörse von 1792. Das Städtische Museum glänzt mit rund 250 Werken der CoBrA, einer Pariser Künstlergruppe, die sich 1948 gegründet hatte und sich vom damals schicken Surrealismus abkehrte und den Expressionismus neu zu beleben suchte.

● **116** [C5] **VVV Schiedam,** Buitenhavenweg 9, 3113 BC Schiedam, Tel. 010 4733000, www.vvvschiedam.nl, Mo.–Fr. 9–17.30, Sa. 10–17 Uhr

🏛 **117** [B4] **Museum Windmolen de Nieuwe Palmboom,** Noordvest 34, 3113 PH Schiedam, Tel. 010 4267675, Di.–Sa. 11–17, So. 12.30–17 Uhr, 3,50 € (mit Rotterdam Pass freier Eintritt)

🍴 **118** [A5] **Restaurant De Noordmolen,** Noordvest 38, 3113 PH Schiedam, Tel. 010 4263104, www.noordmolen.nl, Mo.–Fr. ab 12, Sa. ab 17 Uhr geöffnet

🏛 **119** [B5] **Jenevermuseum,** Lange Haven 74–76, CH Schiedam, Tel. 010 2469676, www.jenevermuseum.nl, Di.–Fr. 12–17, Sa./So. 13–18 Uhr, 4,80 €

❯ **Anreise:** Schiedam erreicht man mit der Metro (Station: Schiedam Centrum) oder der Straßenbahn. Im Sommer ist die Anreise mit dem Wassertaxi (www.watertaxirotterdam.nl) am schönsten.

ENTDECKUNGEN IM UMLAND

㉝ VLAARDINGEN ⭐

Wer viel Zeit hat, dem sei ein Besuch in Vlaardingen ans Herz gelegt, einem 70.000-Einwohner-Städtchen im Westen Rotterdams, das sich an Schiedam ㉜ anschließt. Im „Het Huis met de Lindenboom" erzählt ein Museum die städtische Fischereigeschichte, war doch Vlaardingen über Jahrhunderte eines der wichtigsten Zentren des Fischfangs.

Schon im Mittelalter hatten sich hier Kaufleute und Seefahrer niedergelassen – und Fischer, die von Vlaardingen aus auf Beutezug gingen. An diese Glanzzeiten erinnert das Fischereimuseum an der Westhavenkade, wo alte Schiffsmodelle und andere Dokumente von der harten Arbeit der Fischer künden. In zwei Aquarien schwimmen Nordseefische wie Scholle oder Kabeljau. In anderen Räumen wird auf die Arbeit der Seeleute und ihren Alltag verwiesen. An die Fischauktionen von früher erinnert die Visbank, ein einfaches Gebäude am Westhavenplaats, wo die Anlandungen der Fischer einst zum Verkauf kamen. Historisch von Bedeutung sind auch das Stadthaus, ein Renaissancebau aus dem Jahre 1650, und die große Kirche, deren ältesten Teile aus dem Mittelalter stammen. Beide Bauten finden sich am Markt und sind nur nach telefonischer Voranmeldung zu besichtigen. Ansonsten prägen Industrieanlagen die Stadt, die direkt an der Eisenbahnlinie von Rotterdam nach Hoek van Holland ㉞ liegt.

Im Sommer empfehlen sich Stippvisiten im Hinterland des Städtchens – im sogenannten Broekpolder zum Beispiel, der als Naturdenkmal besonderen Schutz genießt. Vor allem Vogelfreunde kommen hier auf ihre Kosten. Fuß- und Radwege haben das Gebiet für Naturfreunde erschlossen.

❯ **VVV Vlaardingen,** Westhavenkade 39, 3131 AD Vlaardingen, Tel. 010 4346666, www.vvvvlaardingen.nl, Mo. 13–17, Di.–Fr. 9.30–17.30, Sa. 9.30–17 Uhr

❯ **Visserijmuseum,** Westhavenkade 53/54, 3131 AG Vlaardingen, Tel. 010 4348722, www.visserij-museum.nl, Di.–Fr. 10–17, Sa./So. 12–17 Uhr, 4,25 €

> **Anreise:** Vlaardingen erreicht man am besten mit der Eisenbahn über die Station Vlaardingen Centrum. Autofahrer erreichen die Stadt über die A20 Richtung Hoek van Holland und nehmen die Abfahrt Vlaardingen.

34 HOEK VAN HOLLAND ★

Als sonnigster Badeplatz Hollands preist sich Hoek van Holland in seinen Werbebroschüren. **Rotterdams Sommerfrische** liegt direkt an der Nordsee und verdankt ihre Existenz der Anlage des Nieuwe Waterweg – jener Schifffahrtsstraße, die seit Mitte des 19. Jahrhunderts Rotterdams Häfen ans Meer anbindet. Seinen breiten Sandstrand schätzen Einheimische ebenso wie Touristen.

Rotterdambesucher bringt die Eisenbahn im Halbstundentakt aus der Innenstadt in den gut 30 Kilometer entfernten Vorort. Rund dreißig Minuten währt die Fahrt vom Zentralbahnhof ❶ nach Hoek van Holland. Zweimal täglich geht es von hier mit der **Stena Line** ins britische Harwich weiter: mit der Stena Hollandica und der Stena Britannica, die zu den längsten und modernsten Fährschiffen Europas gehören (www.stenaline.de).

Im Winter bringen die Fährreisenden die einzige Abwechslung in das Küstenstädtchen mit seinen knapp 10.000 Einwohnern, das seit 1972 zur Stadt Rotterdam gehört. Im Sommer dagegen platzt es an jedem heißen Wochenende aus den Nähten, lockt der 250 Meter breite und 3,5

Kilometer lange Sandstrand die Massen (s. S. 94 Exkurs). **Kilometerlange Rad- und Wanderwege** führen durch die Dünenlandschaften dahinter, die eine besondere Flora und Fauna aufweisen. Dort auch findet sich das neue Natur- und Klimazentrum „Zeetoren", das kleine, geführte Touren zum Verständnis der Natur und ihrer Pflanzen und Tiere anbietet.

Wer sich für **kleine und große Schiffe** interessiert, sollte den Koningin Emmaboulevard ansteuern: eine Fußgängerpromenade, von der sich die mehr als 30.000 Schiffe am besten beobachten lassen, die jährlich an Hoek van Holland vorbeifahren. Wer Hafenluft schnuppern oder Hollands wichtigstes Sturmflutwehr sehen möchte, sollte mit der Schnellfähre „De Nieuwe Prins" auf Erkundung gehen. Dieses Schiff steuert von

047rd Abb.: gs

▶ *Hoek van Holland: Nordseestrand*

KLEINES STRAND-ABC

In Hoek van Holland gibt es drei Strandabschnitte. Der „große Strand" ganz im Süden ist touristisch am besten erschlossen. Hier finden sich Duschen und Toiletten ebenso wie Spielgelegenheiten für Kinder wie ein großes Trampolin. Außerdem gibt es den einen oder anderen Strandkiosk, sodass hier keiner dursten oder hungern muss.

Der „Hoekse Strand" schließt sich Richtung Norden an. Er ist vor allem Wassersportlern wie Surfern vorbehalten und wird wie der große Strand von der Wasserwacht kontrolliert. Der „kleine Strand" ganz im Norden Richtung s'Gravensande ist am wenigsten überlaufen. Hier auch findet sich zwischen den Strandpfählen 116 und 117 der Nacktbadestrand.

Hundefreunde sollten wissen, dass ihre Vierbeiner von Mai bis September zwischen 9 und 19 Uhr am Strand nicht erwünscht sind!

DER KAMPF MIT DEM WASSER: SCHLEUSENTORE SOLLEN VOR STURMFLUT SCHÜTZEN

Der Name Niederlande sagt es schon, Holland ist kein Gebirgsstaat. Im Gegenteil: Viele Stadtviertel Rotterdams liegen unter dem Meeresspiegel. Mit fast sieben Metern unter Null findet sich in der nordöstlich Rotterdams gelegenen Gemeinde Nieuwerkerk aan de Ijssel sogar der tiefstgelegene Punkt der Niederlande. Damit die Menschen in der Region keine nassen Füße bekommen, laufen vielerorts Tag und Nacht die Pumpen. Viele Millionen Euro jährlich kostet die Holländer der Kampf gegen das Wasser, der eine jahrhundertelange Geschichte hat.

Mit dem Ende der Eiszeit hatten Gletscher dort, wo heute Rotterdam liegt, eine sumpfige Landschaft geschaffen. Feuchtmoore, die gewaltige Sturmfluten im Laufe vieler Tausend Jahre immer wieder veränderten. Der sumpfige Untergrund aber hielt die Menschen des Mittelalters nicht davon ab, sich hier am Schnittpunkt wichti-

morgens früh bis abends spät die modernen Hafenanlagen der Maasvlakte ebenso an wie die Maeslantkering, das im Mai 1997 eröffnete Sturmflutwehr (s. o. Exkurs „Der Kampf mit dem Wasser").

Aber auch **Kulturfreunde** werden in Hoek van Holland fündig. In der alten Wehranlage „Fort aan den Hoek van Holland", wo einst Soldaten die neue Wasserstraße nach Rotterdam sicherten, ist heute das Niederländische Militär-Küstenverteidigungsmuseum (Nederlands Militair Kustverdedigingsmuseum „Fort aan den Hoek van Holland") (s. S. 43) zu Hause, das allerdings nur am jeweils ersten Wochenende im Monat von März

bis November geöffnet ist. Popmusikfreunden steht das Museum Rockart (s. S. 43) offen, das aus der Geschichte niederländischer Popgruppen erzählt.

❯ **Zeetoren,** Helmweg 7, 3151 HE Hoek van Holland, Tel. 0174 383415, www.zeetoren.nl. Mo.–Sa. 11–18, So. 11–22 Uhr

❯ **Fast Ferry „De Nieuwe Prins",** Info-Tel. 0900 5006010, www.ret.nl, Preis für Hin- und Rückfahrt: 5 €

ger Handelsstraßen anzusiedeln: auf den höher gelegenen Gebieten, die am besten Schutz vor dem Wasser boten. Mitte des 17. Jahrhunderts aber sagten die Holländer dem Wasser und immer wieder neuen Sturmfluten endgültig den Kampf an, war man doch aus Überlebensgründen auf dringend nötiges Agrarland angewiesen.

Mithilfe von **Windmühlen** wurde der Natur Stück für Stück neues Land abgerungen. So entstanden neue Polderlandschaften, die Hollands Zukunft sichern sollten. Gegen ganz große Sturmfluten aber blieb man weiter machtlos - zuletzt 1953, als die entfesselten Kräfte des Meeres fast 2000 Menschen in der Deltaregion das Leben kosteten und mehr als 2000 Quadratkilometer Ackerland unter Wasser gesetzt wurden. In der Folge erhöhte man die Deiche, um solche Katastrophen künftig zu verhindern.

Schließlich aber reifte die Erkenntnis, statt immer höhere Deiche zu bauen, das Meer und seine Fluten von der Stadt abzuschotten. Das war die Geburtsstunde des **Maeslant-Sturmflutwehres**, einem der Meisterwerke niederländischer Wasserbaukunst. Normalerweise befinden sich die Tore in Trockendocks, die nur im Ernstfall geflutet werden. In den beiden Kontrollzentren rechts und links der windumtosten Mündung des Nieuwe Waterweg stehen die Computer, die alle zehn Minuten den Wasserstand innerhalb der nächsten 24 Stunden simulieren und im Bedarfsfall die Schließung der Wehranlage einleiten. Noch mehr Details erfährt der Besucher im kleinen Informationszentrum „Het Keringhuis", wo man sich am Modell die Flutung der Docks anschauen kann.

In absoluter Sicherheit aber sollte sich keiner wiegen: Mit dem durch den **Klimawandel** verursachten Anstieg des Meeresspiegels nämlich wächst die Sturmflutgefahr weiter. Irgendwann könnten auch die höchsten Deiche nichts mehr nützen, wenn das Wasser weiter unten durch den Untergrund quillt. Deshalb diskutieren Fachleute inzwischen intensiv den Bau eines Vordeiches zwanzig Kilometer vor der Küste.

●**120 Wasser-Informations-Zentrum Maeslantkering „Het Keringhuis"**, Nieuw Oranjekanaal 139, 3151 XL Hoek van Holland, Tel. 0174 511222, www. keringhuis.nl, Mo.-Fr. 10-16, Sa./So. 11-17 Uhr, Eintritt frei, Führungen: 3,60€

❯ **Anreise:** Hoek van Holland erreicht man per Bahn genauso schnell wie mit dem Auto über die Autobahn A20 im Norden Rotterdams. An der Anschlussstelle Maasdijk geht es über mehrere Nationalstraßen weiter nach Hoek van Holland.

❯ **Allgemeine Informationen**
Hoek van Holland: VVV Hoek van Holland, Prins Hendrikstraat 281, 3151 AK Hoek van Holland, Tel. 0174 519570 (werktags 9.30-17 Uhr), www.hoekvanholland.nl

㉟ NATIONALPARK DE BIESBOSCH ★★

Biesbosch heißt eines der schönsten niederländischen Naturschutzgebiete südöstlich von Dordrecht ㊱: eine Oase der Ruhe mit Weidenwäldern, kleinen Sandbänken und Prielen, eine Sumpflandschaft mit Wiesen und Weiden. Ein Stück Natur, das einen Eindruck vermittelt, wie die ganze Region einmal ausgesehen hat.

Fahrrad, Stadtbus oder Auto verschaffen rasch Zugang zum Biesbosch-Zentrum Dordrecht, wo eine **zwanzigminütige Multimediaschau** in bewegten und unbewegten Bildern das Naturschutzgebiet vorstellt, unterlegt von symphonischer Musik Gustav Mahlers. In einem kleinen Bistro kann jeder Naturliebhaber Hunger und Durst stillen.

Seine Entstehung verdankt das Naturschutzgebiet einer riesigen Flut, die Anfang des 15. Jahrhunderts das Land um Dordrecht unter Wasser setzte. Das Wechselspiel von Ebbe und Flut ließ in den folgenden Jahrhunderten schließlich eine Landschaft von **herber Schönheit und Eleganz** entstehen. Während man ringsum immer mehr Land trockenlegte, beließ man einige Tausend Hektar Fläche sowie sie die Naturgewalten über Jahrhunderte geformt hatten. Bis Ende der 1960er-Jahre war der Biesbosch direkt mit dem Meer verbunden, bestimmten Salz- und Süßwasser, aber auch Ebbe und Flut das Bild. Nach der Abdämmung des Haringvliet aber spielen die Gezeiten jetzt keine große Rolle mehr, hat das Salzwasser dem süßeren Flusswasser Platz gemacht, was die Natur vor neue Herausforderungen gestellt hat.

Inzwischen steht das Biesbosch unter Naturschutz, sind die dort lebenden Tiere ebenso geschützt wie die Pflanzen. So findet sich hier noch eine weltweit einzigartige Variante der gelben Sumpfdotterblume. Unter den Tieren genießen die Wasserspitzmaus ebenso wie die Nordische Wühlmaus, Eisvogel, Große Rohrdommel und Blaureiher besondere Beachtung der Naturschützer. Gern gesehen sind auch Reiher und andere Wasservögel, vor allem aber auch Biber, die man im „Beverbos", einem kleinen Biberwald, auch bei ihrem Leben unter der Erde beobachten kann – unter www.hollandsebiesbosch.nl mithilfe einer Webkamera übrigens auch im Internet. Nachdem 1825 der letzte Biber in den Niederlanden erschlagen wurde, ist man heute über mehr als ein **halbes Hundert Biberburgen** froh, in denen gut 150 Tiere dieser einst aus Holland verschwundenen Art inzwischen wieder zu Hause sind.

Seinen Namen verdankt das Biesbosch den vielen Binsen, heißt doch Biesbosch nichts anderes als **Binsenwald.** In den Besucherzentren oder dem Biesboschmuseum erfährt man mehr über Geschichte, Kultur und heutige Bewirtschaftung des Gebiets, in dem Weidebauern ebenso zu Hause waren wie Lachsfischer und Landarbeiter, die im Biesbosch Enten fingen oder aus Weideruten Körbe flochten.

Das Biesboschzentrum Dordrecht zeigt immer wieder interessante Wechselausstellungen zu naturrelevanten Themen. Außerdem ist es Ausgangspunkt für **Bootsausflüge oder Rundwanderungen.** Mit Sonnenenergie betriebene Boote starten von hier zu einstündigen bis eintägigen Rundfahrten. Wer will, kann das Naturschutzgebiet aber auch auf eigene Faust entdecken, kann man doch im Besucherzentrum Ruderboote oder Kanus leihen oder geräuschlose *„Fluisterboote".*

Mitten durch die alten Weidenbrüche und an schmalen Prielen entlang schlängelt sich auch ein abenteuerlicher Wanderweg, der Griendmuseumpad. Vor allem für Familien mit Kindern bietet er beste Gelegenheit, ein Stück ursprünglicher Natur hautnah kennenzulernen.

> **Biesboschcentrum Dordrecht,** Baanhoekweg 53, Tel. 078 6305353, www.hollandsebiesbosch.nl, Mai–September Mo.–So. 9–17, Oktober–April Di.–So. 10–17 Uhr, Multimediaschau „Biesbosch Symphonie" 2,65 € (Kinder und Senioren 1,60 €)

> **Anreise:** Am besten fährt man mit dem Fahrrad von Dordrecht aus ins Naturschutzgebiet. Räder kann man am Bahnhof leihen (Bike Totaal Zwaan, Dordrecht, Stationsplein 6, Tel. 078 6356830, www.czwaan.nl). Wer mit dem Auto aus Rotterdam kommt, fährt zunächst über die A16 bis zum Kreuz Ridderkerk. Von dort weiter über die A15 bis zur Abfahrt Papendrecht und weiter nach Dordrecht, wo der Baanhoekweg zum Ziel führt.

36 DORDRECHT ★★★

Für Rotterdamreisende ist ein Bummel durch Dordrechts Altstadt wie ein Ausflug in die Vergangenheit. Nach dem Besuch der Weltmetropole bietet Hollands älteste Stadt ein echtes Alternativprogramm. Hier nämlich scheint die Zeit vielerorts stehen geblieben, kann man sich in die Geschichte zurückversetzen. Jahrhunderte war die Stadt Nummer eins in Holland, ehe ihr das benachbarte Rotterdam schließlich den Rang ablief. Einen Ganz- oder Halbtagsausflug aber ist Dordrecht für alle Rotterdambesucher noch immer wert, der im Idealfall mit einem Besuch der – zum Weltkulturerbe gehörenden – Windmühlen von Kinderdijk 37 verbunden werden kann – oder mit einer Wanderung im Naturschutzgebiet Biesbosch 35.

Am besten nähert man sich Dordrecht mit dem Wasserbus, der von Rotterdam aus nicht einmal eine Stunde bis in Hollands älteste Stadt braucht. Dreimal so schnell ist der Intercityzug, der den Weg nach Dordrecht in einer guten Viertelstunde schafft. Den besten Blick auf die **Altstadt,** die **auf einer Insel** liegt, jedenfalls hat man vom Wasser aus, von Merwede und Alter Maas, die Dordrecht von West bis Ost nördlich umschließen. Direkt an der Uferpromenade landen die Schnellboote, die Eisenbahnzüge auf der anderen Seite der Stadt ganz im Süden.

Zur ersten Orientierung empfiehlt sich ein Besuch im modernen **Besucherzentrum** des Fremdenverkehrsverbands am Spuiboulevard 99, einem ehemaligen Bankgebäude, das heute Museum und Touristeninformation zugleich ist. Eine sehenswerte Multimediaschau und eine kleine Ausstellung im Keller machen neugierig auf die Stadt.

Anno 1220 hatte der holländische Graf Wilhelm I. der am Schnittpunkt einiger Handelswege gelegenen Siedlung die Stadtrechte verliehen und so den Grundstein für ihren Aufschwung gelegt. 1299 erhielt Dordrecht das **Stapelrecht,** mussten alle Waren, die auf den Flüssen befördert wurden, in der Stadt zum Verkauf angeboten werden. Neue Häfen entstanden so und erste Lagerhäuser, Handel und Gewerbe erblühten. Daran änderte auch die sogenannte Sankt-Elisabeth-Flut nichts, die anno 1421 mehr als ein Dutzend kleiner Dörfer für immer zerstörte.

Steigender Wohlstand lockte immer mehr Händler und Handwerker in die Stadt. Selbstbewusste Männer, die sich auch politisch nicht gern bevormunden ließen. In den Zeiten der Glaubenskämpfe setzten sich Dordrechts Bürger an die Spitze einer Freiheitsbewegung, die in der Gründung der Vereinigten Provinzen endete und Dordrecht zum Zentrum des Protestantismus machte – zum Hort einer neuen Identität auch, die schließlich in der **politischen Unabhängigkeit der Niederlande** zu ihrer politischen Form fand.

Herz der Stadt ist die **Grote Kerk** (s. S. 99 Exkurs), die über einen schiefen Turm verfügt. Trotz Schieflage kann man den Turm im Sommer besteigen. Von oben bietet sich ein schöner Blick über den Nieuwe Hafen zur Groothoofdspoort, Dordrechts einstigem Tor zur Welt. Mitten in die alte Stadtmauer hatte man es einmal geschlagen und 1618 im gotischen Stil umgebaut. Sein Steinrelief zur Wasserseite zeigt die „Dordtse Maagd", eine Art Stadtpatronin, die von den Wappen anderer holländischer Städte umgeben ist.

Dort auch führt die „Rondje Dordt" vorbei, eine **ausgeschilderte Stadtwanderung** zu den wichtigsten Sehenswürdigkeiten. Fußfaule können Dordrecht im Sommer auch mit der „Dordtevaar" durchqueren, einem offenen Boot, das fast lautlos Häfen, Flüsse und Kanäle der Stadt quert.

Architektonisch berühmt wurde die Stadt durch die alten Treppengiebel ihrer Häuser, die sich in der Regel über zwei Etagen erstrecken und halbrunde Bögen über den Fenstern aufweisen. Gut 60 dieser „**Dordtse Giebel**" findet der Besucher noch heute – vor allem in den kleinen Häusern aus dem 17. und 18. Jahrhundert, in deren Untergeschossen einst gehandelt wurde, während man darüber wohnte.

Voorstraat und Wijnstraat sind die wichtigsten Achsen der Altstadt, deren Bauten daran erinnern, wer hier einst wohnte: Zucker- und Holzhändler zum Beispiel, Bierbrauer und Weinimporteure. Kunst- und Antiquitätenliebhaber sollten sich den ersten Sonntag im Monat merken, wenn rund 70 Antiquariate, Trödelläden, Kunsthandlungen und Ateliers nachmittags geöffnet haben. Wer nicht so lange warten will: Pandora heißt einer der größten niederländischen Trödelläden in der Wijnstraat 82–86. In dem ehemaligen Theater wird heute garantiert jeder fündig, der

DIE GROTE KERK („GROSSE KIRCHE") IST MARIA GEWEIHT

*Herz der Stadt ist die Grote Kerk, ein unübersehbarer Kirchenbau im Herzen der Altstadt: 108 Meter lang und 24 Meter hoch ist sie **eine der größten Kirchen des Landes** und einst der Mutter Gottes geweiht. Als einziges Gotteshaus Hollands verfügt sie über ein steinernes Gewölbe. Nicht ganz so gigantisch im Vergleich zum Rest ist der Kirchturm, dessen Bau man bei einer Höhe von fast 70 Metern einstellte. Zuvor hatte sich der Glockenturm bedrohlich auf die Seite gelegt. Schuld daran waren **Baufehler,** vor allem aber der sandige Untergrund, den die Bauherren bei ihrer Arbeit nicht berücksichtigt hatten. Mehr als zwei Meter neigt sich der Turm inzwischen zur Seite, der mit seinen fast 300 Stufen im Sommer auch bestiegen werden kann.*

*1572 wurde die bis dahin katholische Kirche protestantisch. Schmuckstück der Kirche ist das **prächtige Chorgestühl** aus Eichenholz, eins der schönsten in den Niederlanden, Mitte des 16. Jahrhunderts von einem flämischen Holzbildhauer im Renaissancestil geschaffen. Beachtenswert auch die alten Kirchenfenster, die Stadtgeschichte spiegeln, sowie die große Orgel.*

❯ *Grote Kerk, Lange Geldersekade 2, www.grotekerk-dordrecht.nl, Tel. 078 6144660, April–Oktober Di.–Sa. 10.30–16.30, So. 10–16 Uhr, November–März Sa./So. 13–16 Uhr, Turmbesteigung April–Oktober Di.–So. 10.30–16.30 Uhr, 1 €*

ausgefallene Geschenke sucht (Tel. 078 6135013, www.pandora-dordt. com, Di.–Sa. 11–17 Uhr).

Die Voorstraat, einst als Deich zum Schutz vor Hochwasser angelegt, ist Dordrechts wichtigste Einkaufsstraße, in der viele kleine Läden locken. Eine kurze Stippvisite sind auch das alte Rathaus mit seiner klassizistischen Giebelfront und seinem viereckigen Glockenturm wert, die Scheffersplein mit dem Standbild des in Dordrecht geborenen Malers Ary Scheffer und der angrenzende Ständesaal des ehemaligen Augustinerklosters „Het Hof". Hier hatten sich 1572 zwölf holländische Provinzialstädte unter Führung Wilhelm von Oraniens zusammengefunden, um ein Bündnis gegen die spanischen Regenten zu schließen. Die Versammlung von damals gilt allgemein als die **Geburtsstunde** der heutigen Niederlande, führte sie doch schließlich zur Unabhängigkeit der nördlichen Provinzen von den katholischen Niederlanden. Zum Siegeszug des Protestantismus auch, konnten Katholiken von da ab doch nur noch in versteckten Räumen Gottesdienst feiern. Erst im 19. Jahrhundert durften sie sich wieder öffentlich zu ihrem Glauben bekennen.

Vor allem im Sommer sind die Kais von Nieuwe- und Kuipershaven einen Bummel wert, wo Cafés und Restaurants ihre Tische nach draußen gestellt haben. Museumsfreunde finden

◀ *Pandora in Dordrecht: einer der größten Trödelläden Hollands*

mit dem neu renovierten Dordrechter Museum und dem Huis van Gijn zwei interessante Anlaufstationen. Während im einen Malereien aus mehr als einem halben Jahrtausend locken, gibt das alte Herrenhaus des Bankiers Simon van Gijn, der hier von 1864 bis 1922 lebte, einen guten Einblick in die **Lebenswelt der Superreichen Anfang des 20. Jahrhunderts.** Viele Hundert originale Einrichtungsgegenstände erzählen von der Sammelleidenschaft des Kunstmäzens. Gleich neben dem Museum findet sich übrigens noch ein weiteres kleines Museum, das den Widerstand der Holländer gegen die deutschen Besatzer in den Jahren 1940 bis 1945 dokumentiert.

› **Huis van Gijn,** Nieuwe Haven 30, Tel. 078 6398200, www.huisvangijn.nl, Di.–So. 11–17 Uhr, 6 €
› **Dordrecht Museum,** Museumsstraat 40, www.dordrechtsmuseum.nl, Tel. 078 6482148, Di.–So 11–17 Uhr, (Neueröffnung: November 2010)
› **Städtisches Museum 40–45,** Nieuwe Haven 28, Tel. 078 6130172, Di./Mi., Fr./Sa. 10–17 Uhr (Januar geschlossen), 2 €
› **Anreise:** Dordrecht erreicht man am schnellsten mit der Eisenbahn, am schönsten in einer knappen Stunde mit dem Wasserbus (Infos im Web unter www.denieuwewaterbus.nl), der an der Willemskade neben der Erasmusbrücke startet. Viel schneller ist man auch mit dem Auto nicht. Am einfachsten ist die rund 30 Kilometer lange Fahrt über die

RUTTE & ZN – DAS PARADIES DER DESTILLEURE

*Klein, aber fein ist der Laden in der Dordrechter Vriesestraat, wo die Kunst des Destillierens seit fast 150 Jahren in höchster Vollendung gepflegt wird. Hier erzeugt die Familie Rutte Genever und Liköre vom Feinsten, dazu ausgesuchte Eaux-de-Vie-Spezialitäten. Alte Destillier- und Böttcherwerkzeuge geben Einblick in die Geschichte des **Familienbetriebs,** darunter der berühmte „Vulkaan", ein Destillierkessel, den die Holländer vor gut 100 Jahren bei einem Antiquitätenhändler in Frankreich entdeckten und der noch heute zum Einsatz kommt.*

*Rutte legt Wert auf **Naturprodukte.** So werden Schnäpse und Liköre mit Getreidealkohol, der Genever aus Malz- und Getreidealkohol produziert. Ein halbes Hundert Gaumenkitzler sind im Angebot: neben jungen und alten Genevern selbstgebrannte Man-*

del-, Zimt- und Apfelsinenliköre sowie vollmundige Apfel- und Birnenschnäpse. Die besten reifen in jahrhundertealten, französischen Eichenfässern, die man interessierten Besuchern gern zeigt. „Paradies" nennen die Schnapsbrenner ihren schönsten Lagerraum, in dem ausgesuchte Schätze aus sechs Generationen lagern. Hin und wieder werden die zum sogenannten Paradieswein Genever („Paradyswyn Jenever") gemixt, der wie edle Jahrgangsweine ganz individuell und immer auch mit unterschiedlichen Alkoholgraden ausfällt: eine gesuchte Rarität mit Gütesiegel, die in nummerierten Flaschen fast wie ein Kunstobjekt verkauft wird.

› *Rutte & ZN, Vriesestraat 130, 3311 NS Dordrecht, Tel. 078 6134467, www.rutte.nl, Mo.–Sa. 9.30–17 Uhr (Bestellung auch per Internet)*

A16 bis zum Kreuz Ridderkerk. Von dort weiter über die A15 bis zur Abfahrt Papendrecht und weiter nach Dordrecht.

Essen und Trinken

121 Bellevue, Boomstraat 37, www.bellevuegroothoofd.nl, Tel. 078 633 25 00, tgl. geöffnet. Spezialitätenrestaurant, zugleich Café und Brasserie sowie beliebtester Treffpunkt der Stadt

122 Knollen en Citroenen, Groenmarkt 8, Tel. 078 6140500, Mi.–So. 18–22 Uhr, www.knollen-citroenen.nl. Frische, holländische Regionalküche in stilvollem Ambiente.

123 Villa Augustus, Oranjelaan 7, Tel. 078 6393111, www.villa-augustus.nl, Mo.–Do. 7–24, Fr. 7–1, Sa. 8–1, So. 8–24 Uhr. Café, Restaurant und Hotel in einem alten Wasserturm, das – soweit möglich – biologische Gerichte aus dem eigenen Garten serviert. Große Terrasse.

Allgemeine Infos

> **VVV Zuid Holland** (Vereniging voor Vreemdelingenverkeer), Spuiboulevard 99, 3311 GN Dordrecht, Tel. 078 6322440, www.vvvdordrecht.nl, Mo. 12–17.30, Di./Mi./Fr. 9–17.30, Do. 9–21, Sa. 10–17, So. (1. und 4. des Monats) 10–14 Uhr

37 KINDERDIJK – WINDMÜHLEN ★★★

Sie gehören zu den populärsten Sehenswürdigkeiten der Niederlande, die 19 Windmühlen von Kinderdijk. Heute stehen sie unter dem Schutz des Weltkulturerbes. Zu den einmaligen Denkmälern gibt es organisierte Touren mit Bus oder Schiff ab Rotterdam, aber auch Individualreisende stellt eine Stippvisite in Kinderdijk dank guter Verkehrsverbindungen vor keine großen Probleme.

049rd Abb.: gs

„Wenn Sie das echte Holland erleben wollen", werben die Touristikfachleute der Niederlande, „müssen Sie hier sein!" Mehr als fast alle anderen Sehenswürdigkeiten des Landes spiegeln die 19 Windmühlen in einer der für Holland typischen Polderlandschaften das Bild, das der gewöhnliche Tourist vom Land hinter den Deichen hat. Nirgends sonst auf der Welt auch drängen sich so viele **historische Windkraftanlagen** auf so engem Raum.

1997 hatte die Staatengemeinschaft der **UNESCO** die Windkraftanlagen in die Liste der schützenswerten Kulturdenkmäler aufgenommen und damit ein Dorf in den Mittelpunkt der Öffentlichkeit gerückt, das bis dahin kaum einer kannte: Kinderdijk. Kinderdeich, seinen deutschen Namen,

▲ *Eine der 19 Windmühlen in Kinderdijk*

WINDMÜHLEN

*Schon im **späten Mittelalter** nutzte man in Holland erste Windmühlen zur Entwässerung überfluteter Gebiete. Nur mit Windkraft gelang es so, weite Teile des Landes dauerhaft trockenzulegen und damit Polderlandschaften zu schaffen, die landwirtschaftlich genutzt werden konnten. Über Wellen und Räder wurde die Windkraft der Flügel auf Schöpfräder übertragen, die das sumpfige, oft unter dem Meeresspiegel gelegene Umland entwässerten.*

*Die **klassische holländische Windmühle**, wie sie in Kinderdijk ③⑦ heute unter dem Schutz des Weltkulturerbes steht, aber kam erst im 16. Jahrhundert in Mode. Dabei handelt es sich in der Regel um vieleckige oder runde Bauten, deren obere Kappe drehbar ist – Voraussetzung, um auch größere Flügelkreuze zu montieren und damit höhere Pumpleistungen zu erbringen.*

*Für die **Betreiber der Windmühlen**, einst nicht selten Familien mit zehn und mehr Kindern, war das Leben abseits der Dörfer und Städte nicht leicht. Die meisten waren Selbstversorger, hatten ihren eigenen Garten vor der Tür und hielten sich auch ein paar Schafe, Kühe oder Schweine. Auch Fische waren immer reichlich in den Gewässern vor der Haustür vorhanden.*

*Die Windmühlen waren **meist gleich aufgebaut**. Kleine Türen öffneten den Weg ins Erdgeschoss, das Küche, Wohn- und Schlafzimmer zugleich war. Hier lebten auch die jüngsten Kinder, die besonders viel Fürsorge brauchten. Die älteren schliefen einen Stock höher, der ebenfalls noch von der Wärme des Ofens im Erdgeschoss profitierte. In der Regel endete der Schornstein der Mühle im dritten Stock, wo die Mühlenmeister im Winter auch ihre Fische zum Räuchern aufhängten. Das erklärt die oft schwarzen Wände in den Obergeschossen alter Windmühlen.*

*Im vierten Stock steckt die Mechanik samt Bremse. Ein kompliziertes Räderwerk, angetrieben von vier Flügeln, die je nach Wind mit einem mehr oder minder großen Segel bespannt sind. Bei Sturm laufen die Räder gar ganz ohne Segel. Der **Brand vieler Mühlen**, auch in Kinderdijk, wurde meist durch Überdrehen bei Orkan oder durch heiß gelaufene Bremsen verursacht. Deshalb ist es wichtig, alle Segel bei Orkan oder Sturm rechtzeitig zu kappen.*

*Mit der **Industrialisierung** kamen die ersten dampfgetriebenen Mühlen wie in Rotterdam in Mode, die zum Teil aber schnell wieder verschwanden. Schließlich lösten Elektromotoren die Dampfantriebe ab. Mit der Zeit wurden die Mühlen überflüssig, ersetzten sie Pumpwerke und andere technische Neuerungen. Von einst mehr als zehntausend Windmühlen in Holland blieben nicht einmal tausend übrig.*

verdankt es einer Legende. Die erzählt von der berühmt-berüchtigten St.-Elisabeth-Flut anno 1421, die eine Wiege mit einem weinenden Kind hier auf einem Deich angeschwemmt haben soll.

Auch wenn heute **Elektropumpen** ihre Arbeit übernommen haben, geben die im 18. Jahrhundert erbauten Mühlen in Kinderdijk noch immer einen tiefen Einblick in die Geschichte der Landgewinnung. Schon 1869

Weltkulturerbe per Boot

Von April bis Anfang Oktober fährt täglich außer montags das Passagierschiff „Nehalennia" über die Nieuwe Maas nach Kinderdijk. Tourdauer: drei Stunden. Start: 10.45 und 14.15 Uhr in der Boompjeskade 28, rund 200 Meter links der Erasmusbrücke (Metro: Leuvehaven), 13,50 €

> Veranstalter: Rebus Varende Evenementen, Veerkade 9c, Rotterdam, Tel. 010 2183131, www.rebus-info.nl

machte den heute weltberühmten Windmühlen eine Dampfmühle Konkurrenz, die ihnen schließlich auch die Arbeit abnahm. 1927 wurde ein dieselgetriebenes Pumpwerk eingeweiht, das freilich im Zweiten Weltkrieg ausfiel, sodass die alten Windmühlen erneut in Betrieb genommen werden mussten, um die Polder nicht untergehen zu lassen. Inzwischen arbeiten in Kinderdijk modernste Elektropumpen, die bis zu 1500 Kubikmeter Wasser in der Minute aus den Poldern pumpen können.

Die meisten der alten Mühlen sind heute in Privatbesitz, werden als Ferien- oder Wochenendhaus genutzt. Zu den ältesten gehören die acht runden Mühlen aus roten Ziegelsteinen auf dem Nederwaard-Polder, alle 1738 erbaut, von denen eine sogar auch von innen während der Touristensaison (April bis September) **gegen Eintritt besichtigt** werden kann. Auf dem weiter östlich gelegenen Overvaard-Polder gegenüber sind die Mühlen aus Holz. Etwas aus dem Rahmen fällt die im Volksmund „De Blokker" genannte Windanlage auf dem Polder Blokweer südöstlich Kinderdijks, die „Blokweerse Molen". Die erst in diesem Jahrtausend nach einem Brand wieder aufgebaute Mühle ist die

einzige hier, deren Schaufelrad sich außerhalb befindet.

Im Juli und August zeigen sich die Windmühlen jeden Samstagmittag von ihrer besten Seite, haben alle, wenn es das Wetter zulässt, ihre Segel aufgespannt. Und besonders schön präsentieren sich die Windmühlen Mitte September, wenn sie auch **bis spätabends zugänglich** sind und sich ihre Lichter in den Wasserkanälen spiegeln.

> **Besucher-Mühle Nederwaard Molen,** Nederwaard 5, Kinderdijk, Tel. 078 6912326, www.kinderdijk.com, April–Oktober 9.30–17.30 Uhr, November–März gelegentlich an Wochenenden, 11–16 Uhr (wetterabhängig), 4 €. Von Anfang Mai bis Ende September verkehrt ein Boot entlang der Windmühlen. Es startet zwischen 10 und 16.30 Uhr neben dem Besucherzentrum. www.kinderdijk.com.

> **Anreise:** Kinderdijk gehört zur Gemeinde Nieuw-Lekkerland und ist über die Autobahnen A20, A16 und A15 am besten zu erreichen. Nach etwa einer halben Stunde nehmen Sie die Ausfahrt Papendrecht-West, Ablasserdam, Kinderdijk. Von dort geht es auf zum Teil kurvigen Sträßchen zu den Windmühlen am Ortsrand.

38 GOUDA ★★

Klein, aber fein: So zeigt sich Gouda, als Käsemetropole Hollands weltweit bekannt. Alle Sehenswürdigkeiten finden sich rund um den Marktplatz, in dessen Mitte das alte Rathaus thront. Nur einen Katzensprung weiter steht die Kirche St. Johannes, das angeblich längste Gotteshaus im Land.

Für einen **Halbtagestrip** bietet sich Gouda eigentlich immer an: In einer guten Viertelstunde bringt die Eisenbahn Rotterdambesucher mehrmals stündlich in die Käsestadt. Nur

GOUDA-KÄSE

*Gouda ist ein überall auf der Welt bekannter Schnittkäse mit mindestens 30 bis 48 % Fett. Schon anno 1184 wurde er urkundlich erstmals erwähnt, weshalb er zu den ältesten Käsesorten zählt. Den Gouda gibt es in **verschiedenen Reifegraden**. Butterweich und mild schmeckt der junge Gouda, dessen Reifezeit maximal acht Wochen beträgt. Je älter der Käse wird, desto dunkler und trockener zeigt er sich. Mittelalter Gouda ist in der Regel bis zu einem halben Jahr gereift, alter Gouda noch länger. Als „Old Amsterdam" wird ein mindestens eineinhalbjähriger Gouda etikettiert, der besonders würzig und leicht scharf schmeckt und in seiner Struktur dem Parmigiano Reggiano gleicht.*

*Die **unterschiedlichen Geschmacksrichtungen** entstehen je nach Länge und Wärmegrad der Lagerung sowie der Zubereitung. In der Regel wird*

zur Fertigung die Milch auf circa 30 Grad erwärmt und zur Gerinnung mit Milchsäurebakterien und Lab angereichert. Dieser dann sogenannten Dickete wird durch permanentes Abschöpfen der Molke schließlich immer mehr Flüssigkeit entzogen bis der Gouda die gewünschte Festigkeit hat. Danach wird er in Form gebracht, üblicherweise eine runde, in Lake gebadet und zur Reifung mindestens fünf Wochen in den Keller gelegt.

*Manche Käse werden mit Brennnesseln, Kreuzkümmel oder anderen Kräutern und Gewürzen angereichert, was ihnen eine besondere Note verleiht. Eine gesuchte Rarität ist auch der sogenannte **Mai-Gouda**, der aus jener Milch gewonnen wird, die Hollands Kühe nach der Winterpause geben, wenn sie erstmals wieder frisches Gras im Freien gefressen haben.*

ein paar Minuten sind es vom Bahnhof zum Marktplatz, Goudas Herz. Hier schlägt der Puls der Stadt, reihen sich ringsum die wichtigsten Geschäfte, Cafés und Restaurants. Vor allem im Sommer bietet sich hier fast schon ein mediterranes Bild, wenn Touristen und Einheimische zu Hunderten den großen dreieckigen Platz bevölkern

und es sich auf den bewirtschafteten Freiluftterrassen gut gehen lassen.

Einst war die Gegend um Gouda Sumpfland. Nach Dammbau und Trockenlegung aber schlugen hier Fischer und Bauern ihre Zelte auf. Schnell blühte der Handel, lag Gouda doch an einer wichtigen Route zwischen Frankreich und dem Baltikum.

Vom ersten großen Wohlstand zeugt noch heute **das alte Rathaus,** eines der ältesten gotischen Gebäude in den Niederlanden. 1448 wurde es aus Natursteinen erbaut, eine Seltenheit damals, 1603 um eine schöne Renaissancetreppe ergänzt. Der Balkon an der Nordseite wurde einst als Schafott genutzt – zuletzt angeblich 1860. Immer wieder wurde das Rathaus renoviert, das letzte Mal 1996. Nach dem Krieg erhielt es ein Glockenspiel, dessen Figuren alle halbe Stunde ins Rampenlicht treten und auf die Verleihung der Stadtrechte aufmerksam machen. 1272 hatte sie Graf Floris V. Gouda verliehen.

Touristen können das Rathaus zweimal wöchentlich besichtigen. Sehenswert sind vor allem der Trausaal mit seiner Wandtäfelung und die alte Holzdecke im ehemaligen Ratssaal. Und jährlich Mitte Dezember wird das Rathaus einen Abend lang ins Licht vieler Tausend Kerzen getaucht. „Gouda bij Kaarslicht" heißt der **spektakuläre Lichterbrauch,** der jährlich viele Besucher anzieht und nebenbei an die Tradition der Kerzenherstellung in Gouda erinnert, von der einst viele Menschen lebten.

Nördlich gegenüber dem Rathaus steht die **berühmteste Käsewaage Hollands,** die „Goudas Waag", eine Markthalle für die Käseerzeuger. 1668 hatte Pieter Post das Haus geschaffen, einer der berühmtesten Architekten damals. Über dem Eingang sind zwei Waagschalen zu sehen, das Symbol der Käsemacherzunft. Im Inneren erinnert eine kleine Ausstellung an die Stadtgeschichte (April–Oktober: Di.–So. 13–17 Uhr).

Besonders lohnend ist ein Besuch der Käsestadt im Sommer, wenn jeden Donnerstagmorgen im Schatten des Rathauses die großen, runden Käselaibe öffentlich begutachtet und gewogen werden. In historischer Tracht feilschen die Bauern mit ihren Handelspartnern, schließen Geschäfte theatralisch per Handschlag ab. Ein folkloristisches Spektakel, das Tausende von Touristen jährlich im Bild festhalten.

Unübersehbar ist Goudas größte Kirche. Dem heiligen Johannes dem Täufer ist sie geweiht, dem **Schutzpatron der Stadt.** Ihm auch sind die symbolischen Farben Rot (Leiden) und Weiß (Reinheit, Liebe) zu verdanken, denen man überall in der Stadt begegnet, natürlich auch im Stadtwappen. Mit 123 Metern ist die Kirche die längste in den Niederlanden. Denn wegen des sumpfigen Untergrunds baute man damals lieber in die Breite statt in die Höhe.

Um das Jahr 1280 hatte man mit dem Kirchbau begonnen, doch der heutige Bau stammt vornehmlich aus dem 16. Jahrhundert. In den Seiten- und Mittelschiffen standen **ursprünglich bis zu 45 Altäre,** die den Zünften der Stadt gehörten oder Heiligen gewidmet waren. 1573 wurde die bis dahin katholische Kirche protestantisch, übernahm die reformierte Gemeinde das Gotteshaus. Bis heute feiert sie hier ihre Gottesdienste und es gibt Konzerte. Dazu laden vor allem die Orgeln ein, die in der langen Kirche einen besonderen Klang entfalten.

Prunkstücke des Gotteshauses aber sind ihre längst über die Landesgrenzen hinaus bekannten **Glasfenster.** „Goudse Glazen" nennen sie die Einheimischen. Ein Teil stammt noch aus der katholischen Zeit und zeigt meist biblische Szenen. Themen wie Auferstehung und Himmelfahrt Christi, seinen Leidensweg oder seine Begegnungen mit einer Ehebrecherin. Aber auch Hollands spätmittelalterliche

SIRUPWAFFELN AUS GOUDA

„Goudse Stroopwafels" heißen die Leckereien, welche Gouda neben dem Käse berühmt gemacht haben: Sirupwaffeln. Sie werden auf großen Eisenplatten gebacken und dann aus dem dünnen Teig gestochen. Das Rezept ist einfach. An **Zutaten** *benötigt man für den Teig 750 g Mehl, 500 g Butter, 400 g weißen Zucker, 2 Esslöffel Milch, 1 Esslöffel Branntwein, 1 Teelöffel Zimt und eine Prise Salz. Für den Sirup wird 250 g Ahornsirup, 125 g brauner Zucker, 200 g Butter und 1 Teelöffel Zimt gebraucht.*

Und dann gehts los. *Nachdem man das Mehl in eine Schüssel gegeben und ein größeres Loch in seiner Mitte geschaffen hat, gibt man dort Milch, Zimt, Branntwein und Salz hinein.*

Dann gilt es, die Butter in Würfel zu schneiden und über dem Teig zu verteilen, mit Zucker zu bestreuen und anschließend gleichmäßig zu verkneten und zu Kügelchen zu formen.

In einem Topf erhitzt man dann den Sirup mit den übrigen Zutaten, bringt das Ganze aber nicht zum Kochen. Jetzt wird das **Waffeleisen** *erhitzt, mit Butter dünn eingefettet und mit den Teigkügelchen ausgefüllt. Kurz danach kann man die braunen Waffeln wieder aus dem Eisen nehmen. So verarbeitet man den gesamten Teig, ehe man zum Schluss immer zwei Waffeln nimmt, von denen man eine mit Sirup bestreicht und die zweite darauf legt.*
❯ *Infos aus: www.rezeptewiki.org*

Geschichte hat auf manchem Fenster ihren Niederschlag gefunden. Als Schöpfer der ältesten Fenster gelten die Brüder Dirck und Wouter Crabeth, zwei der bedeutendsten Glasmaler des 16. Jahrhunderts.

Neben der Johanneskirche findet sich das Stadtmuseum, das im ehemaligen städtischen Hospital Unterschlupf gefunden hat. Seinen Eingang bildet die sogenannte **Lazarus-Pforte**, ein steinernes Portal aus dem Jahr 1609, das ein schönes Relief schmückt. Weiter südlich, am Westhaven 29, liegt schließlich das Museum De Moriaan, in dem sich das Nationale Pharmazeutische Museum findet.

Citybummler erwartet in Gouda aber nicht nur Geschichte. Im „'t Kaaswinkeltje" (s. S. 28) liegen die feinsten Bauernkäse in den Regalen – und in der kleinen Bäckerei „De Vlaam Banketbakkerij" (Markt 29) warten auf den Besucher leckerste Waffeln. Handgemachte Süßigkeiten, die dort seit 1784 mit echter Butter nach einem streng gehüteten **Hausrezept** gefertigt werden.

❯ **Johanneskirche (Sint Janskerk)**, Achter de Kerk, Tel. 0182 512684, www.sintjan.com, Mo.–Sa. 9–17 Uhr (Nov.–Feb. 10–16 Uhr)

❯ **MuseumgoudA**, Achter de Kerk, Tel. 0182 331000, www.museumgouda.nl, Mi–Fr. 10–17, Sa. 12–17 Uhr, 5 € (Eintrittskarte gilt auch für das Nationale Pharmazie-Museum, das zum MuseumgoudA gehört.)

❯ **Allgemeine Informationen: VVV Gouda**, Markt 27, 2801 JJ Gouda, www.vvvgouda.nl, Tel. 0900 4683288, Mo. 13–17.30, Di.–Fr. 9.30–17.30, Sa. 10–16 Uhr

❯ **Anreise:** Nach Gouda gibt es gute Zugverbindungen. Fast doppelt so lang sind Autofahrer unterwegs. Man nimmt zunächst die A20 Richtung Utrecht, am Kreuz Gouwe geht es auf die A12, kurze Zeit später führt die Ausfahrt Gouda zum Ziel.

PRAKTISCHE REISETIPPS A–Z

005rd Abb.: gs

AN- UND RÜCKREISE

ALLGEMEINE ÜBERLEGUNGEN

Rotterdambesucher brauchen eigentlich kein eigenes Fahrzeug. Vor Ort gibt es ein **gut ausgebautes Netz öffentlicher Verkehrsmittel,** vom Bus bis zur Metro einschließlich schneller Wassertaxen. Für Ausflüge in die Umgebung aber ist ein Auto von Nutzen, obwohl auch die zum Weltkulturerbe zählenden Windmühlen von Kinderdijk ❸❼ oder die Städte Gouda ❸❽ und Dordrecht ❸❻ mit öffentlichen Verkehrsmitteln leicht zu erreichen sind. Fußfaule können vor Ort Drahtesel aller Art mieten.

Gern wird Rotterdam im Rahmen eines Zwischenstopps auf dem Weg an einen der Nordseestrände angesteuert. Dann allerdings gehört das Fahrzeug auf einen **bewachten Parkplatz** oder in eine geschlossene Hotelgarage. Die An- und Abreise mit dem Flugzeug lohnt sich vor allem für Süd- und Ostdeutsche, Österreicher und Schweizer, die sich auf diese Weise viel Reisezeit sparen können.

MIT DEM AUTO

Wer nicht gerade im deutschen Westen wohnt, ist mit dem Auto bis Rotterdam gewöhnlich einen Tag unterwegs. Wer aus Österreich oder der Südschweiz kommt, sollte **unter Umständen eine Übernachtung** einplanen.

Die Anreise nach Rotterdam erfolgt in der Regel über ein gut bis sehr gut ausgebautes **Autobahnnetz.** Da die Grenzübertritte nach Frankreich und in die Benelux-Länder (Belgien, Luxemburg, Niederlande) unproblematisch sind, empfiehlt sich vor allem für Schweizer und Baden-Württemberger auch eine An- und Abreise via Frankreich und Belgien. Allerdings muss man auf französischen Autobahnen mit Mautgebühren rechnen. Am schnellsten aus Deutschland ist gewöhnlich die Anreise über die Autobahn Duisburg–Eindhoven–Breda. Aus Richtung Norden empfiehlt sich die A1 via Osnabrück–Apeldoorn–Gorinchem nach Rotterdam.

MIT DER BAHN

Die Bahn ist eine bequeme und längst auch **schnelle Alternative zum Auto,** für Einzelreisende oft auch billiger als die Fahrt mit dem eigenen Pkw. Von Berlin aus erreicht man Rotterdam mit ein- bis dreimaligem Umsteigen in etwa sieben Stunden, von Zürich aus mit einem Umstieg in knapp acht Stunden. Wer nicht an einen bestimmten Termin gebunden ist, sollte die Europa-Spezial-Tarife der Bahn nutzen, die schon für 39 Euro in der 2. Klasse bzw. 69 Euro in der 1. Klasse (einfache Fahrt) eine Reise nach Rotterdam ermöglichen. Unter Umständen finden sich noch preiswertere Angebote. Allerdings muss man sich dann auf bestimmte Züge festlegen und ist nicht so flexibel wie mit einer normalen Fahrkarte.

Über die besten Zugverbindungen informieren die Webseiten der Bahnen in Deutschland, der Schweiz, Österreich und den Niederlanden. Vor Ort hilfreich ist der Urlaubsplaner der niederländischen Verkehrsbetriebe, mit dem sich vor allem individuelle Ausflüge von Rotterdam aus organisieren lassen:

❯ www.journeyplanner.9292.nl
❯ www.bahn.de
❯ www.sbb.ch
❯ www.oebb.at
❯ www.ns.nl

MIT DEM BUS

Für jüngere Leute und Reisende mit größerem Gepäck und viel Zeit ist die Anreise mit dem Bus eine Überlegung wert. In der Regel fährt das Busunternehmen Touring von Hamburg und anderen deutschen Großstädten aus **mehrmals pro Woche** nach Rotterdam. Von den großen Städten der Schweiz (u. a. Basel, Genf) und Österreichs (Wien, Linz) aus betreibt die Firma Eurolines eine Verbindung nach Rotterdam.

› www.touring.de
› www.eurolines.com

MIT DEM FLUGZEUG

Mit rund einer Million Passagieren jährlich ist der **Flughafen Rotterdam** (www.rotterdam-airport.nl) der zweitgrößte Airport in den Niederlanden. Touristisch aber spielt er keine so große Rolle. Aus Deutschland wird er regelmäßig nur von der Business-Airline CityJet (vormals VLM) von Hamburg aus angeflogen. Wenige Verbindungen gibt es mit der Chartergesellschaft Transavia, die – vor allem im Winter – von Friedrichshafen, Innsbruck, Genf, Salzburg und Bern aus Holland ansteuert. Vom Rotterdamer Airport, der etwa acht Kilometer nordwestlich der City liegt, verkehrt ein Busshuttle von morgens früh bis weit nach Mitternacht in der Regel jede Viertelstunde zum Hauptbahnhof ❶, Fahrzeit: ca. 20 Minuten. Taxen in die Innenstadt brauchen, je nach Verkehrslage, 10 bis 20 Minuten.

Besser angebunden ist Rotterdam über den südlich von Amsterdam gelegenen **internationalen Flughafen Schiphol** (www.schiphol.nl), der täglich von allen großen deutschen, Schweizer und österreichischen Flughäfen aus bedient wird. Oft – wie nach Berlin, München, Frankfurt, Zürich oder Wien – gibt es gleich mehrere Verbindungen am Tag, darunter auch Direktflüge. Wer sehr früh bucht, kommt schon zu Preisen von 100 bis 200 Euro nach Holland und zurück. Suchmaschinen wie www.billig-fliegen.de helfen bei der Jagd nach einem Schnäppchen. Noch sicherer geht man, wenn man die Webseiten der Fluggesellschaften nach günstigen Angeboten durchforstet. Oft kann man, wenn man seine Reise nur um ein paar Stunden oder Tage verlegt, viel Geld sparen.

› www.lufthansa.com
› www.klm.com
› www.swiss.com
› www.airfrance.com
› www.flysas.com
› www.aua.com
› www.transavia.com

Kein Problem ist die **Verbindung vom Flughafen Schiphol nach Rotterdam.** Direkt unter dem Terminal befindet sich eine Bahnstation, von der ein **Schnellzug** auf einer ganz neuen Hochgeschwindigkeitstrasse in knapp 30 Minuten direkt zum Rotterdamer Hauptbahnhof ❶ fährt. Die Züge verkehren etwa jede Stunde – werktags ab 5 Uhr morgens bis nach Mitternacht. Reisende können neben individuellen Taxen auch auf Sammeltaxen zurückgreifen, die im Voraus gebucht werden können und dann am Flughafen stehen.

AUTOFAHREN

Auf niederländischen Autobahnen gilt eine **Höchstgeschwindigkeit** von 120 Kilometern pro Stunde, auf besonders markierten Schnellstraßen, die mit dem Schild eines weißen Autos auf blauem Grund ausgewiesen sind, maximal Tempo 100. Diese Straßen haben in der Regel einen grün markierten Mittelstreifen, der von zwei durchgehenden oder unterbrochenen weißen Streifen eingefasst ist. Pkw mit Anhänger dürfen nicht schneller als Tempo 90 fahren, schwere Wohnmobile (über 3,5 Tonnen) maximal Tempo 80. Auf Landstraßen ohne Mittellinie ist nur noch Tempo 60 erlaubt. In Städten und Ortschaften gilt generell Tempo 50. Ein Schild mit weißem Haus auf blauem Grund verweist auf verkehrsberuhigte Zonen, in denen nur Schritttempo erlaubt ist. Raser seien vor der **streng kontrollierenden Polizei** gewarnt, die mit Radargeräten überall präsent ist. Die Strafen für Raser sind in den Niederlanden deutlich höher als in anderen Ländern.

Bußgeldbescheide ab 70 € werden demnächst von allen EU-Ländern gegenseitig anerkannt und vollstreckt. Noch schlimmer trifft es Schweizer Bürger, denen bei Nichtzahlung niederländischer Bußgeldbescheide gar Gefängnis droht. Schon jetzt machen die deutschen Inkassobüros der niederländischen Behörden gehörig Druck auf säumige Falschparker und Raser. Auch weil – im Gegensatz zur Bundesrepublik – in den Niederlanden begangene Verkehrsordnungswidrigkeiten nicht so schnell verjähren. Das heißt, auch viele Monate nach einem Rotterdambesuch kann noch ein Bußgeldbescheid ins Haus flattern. Wer gegen ein Bußgeld Widerspruch einlegt, sollte vorher die geforderte Sicherheitsleistung bezahlen, sonst eröffnet der Richter das Verfahren erst gar nicht.

Auch in den Niederlanden gilt: rechts vor links! **Gurtpflicht** besteht für alle Insassen. Kinder unter zwölf

Jahren und bis zu einer Körpergröße von 150 cm müssen ebenfalls angegurtet auf die Rückbank. Die Promillegrenze beträgt 0,5 Promille, für Personen, die ihren Führerschein keine fünf Jahre besitzen, 0,2 Promille. Und natürlich sind auch in den Niederlanden Handytelefonate am Steuer verboten. Aus Angst vor Überfällen sind viele Tankstellen abends geschlossen. Dann stehen nur noch die rund um die Uhr zugänglichen Tankautomaten zur Verfügung.

Pannennothilfe bietet die Pannenhilfe des ANWB. Der Automobilklub ist das holländische Gegenstück zum ADAC. Da die Nothilfe aber nicht verpflichtet ist, Nichtmitgliedern zu helfen, empfiehlt es sich, vor Reiseantritt einen im Ausland gültigen Schutzbrief zu erwerben. Der erspart unter Umständen größere Ausgaben. Die allgemeine, kostenfreie Notrufnummer bei Autopannen lautet Tel. 0800 0888.

PARKEN

Parken in Rotterdam ist kein Problem. Da die Parkautomaten entlang der Straßen allerdings kein Münzgeld annehmen, sind Bargeldzahler in öffentlichen Garagen besser aufgehoben. Alle **Parkhäuser** sind mit dem Schild „Parkeergarage" markiert. In ihnen gilt eine Höchstgeschwindigkeit von 15 km/h. Vor Bordsteinen, die mit einer gelben Linie gekennzeichnet sind, besteht generelles

▶ *Rotterdams Parkuhren nehmen keine Münzen: nur Prepaid-, Chip- oder Kreditkarten, auch Handy-Parken ist möglich*

051rd Abb.: gs

zu Hause aus, entweder direkt beim Verleiher oder über einen der Internetvermittler wie

> www.holidayautos.de oder
> www.billigermietwagen.de.

Mietwagenkunden sollten wissen, dass sie oft im Kleingedruckten des Leihvertrags eine – juristisch allerdings umstrittene – Klausel unterschreiben, nach der eventuelle Bußgelder von der Kreditkarte abgebucht werden.

BARRIEREFREIES REISEN

Parkverbot – ebenso in den meisten Anwohnerbereichen.

Kostenlose Park-and-ride-Stellplätze finden sich neben zahlreichen Metrostationen (Hoogvliet, Slinge, Alexander etc.) in den Außenbezirken der Stadt. In den Parkzonen der City sind die Gebühren gestaffelt, je nach Lage bis zu 3 € pro Stunde. Die Parkuhren nehmen keine Münzen, nur Prepaid-Chipkarten.

Viele **Parkautomaten** in der Innenstadt funktionieren auch mit gängigen Kreditkarten. Sie sind mit den Logos der Kreditkartengesellschaften wie Visa oder Mastercard gekennzeichnet. Außerdem kann man nach Voranmeldung beim Provider (www.park-line.nl) mancherorts Parkgebühren auch mit dem Handy bezahlen.

MIETWAGEN

Auf den Flughäfen Rotterdam und Schiphol oder in der Stadt selbst haben fast alle großen Mietwagenfirmen Verleihstationen. Am besten bucht man sein Fahrzeug schon **von**

Die Niederländer gelten als **Musterschüler in Sachen behindertengerechter Ausstattung ihrer Gebäude.** So sind alle großen Museen und öffentlichen Einrichtungen für Rollstuhlfahrer tauglich. Darüber hinaus sind auf vielen Parkplätzen spezielle Plätze für Behinderte ausgewiesen. Die Schilder sind blau und zeigen neben einem großen „P" einen Rollstuhl. Die international gültige Behinderten-Parkgenehmigung sollte für jeden sichtbar im Wageninneren ausliegen.

Auch die **öffentlichen Verkehrsmittel** haben sich weitgehend auf die Bedürfnisse Behinderter eingestellt. Wer mit dem Zug unterwegs ist, sollte seine Ankunft und Abfahrt der Eisenbahngesellschaft mitteilen, die für Ein- und Ausstieg dann einen **Helfer** aktiviert. Bureau Assistentieverlening Gehandicapten ist die Kontaktadresse für alle, die Hilfe benötigen: Tel. +31 30 2357822 (täglich 7–23 Uhr).

Rollstuhlfahrer können in Rotterdam auch einen elektrobetriebenen **Rollstuhl mieten.** Außerdem gibt es für Individualreisende Minibusse, die rollstuhltauglich sind. Eine – leider nur in Englisch und Holländisch vorhandene – Website informiert über den behindertengerechten Zugang zu vielen Hundert Gebäuden, von Kirchen bis zur Diskothek. So kann man schon von zu Hause aus planen, welche Hotels und Restaurants sich für einen Kurzurlaub besonders eignen und welche Museen und Freizeitanlagen sich ohne Probleme besuchen lassen.

❯ Infos unter: www.accessible.rotterdam.nl

DIPLOMATISCHE VERTRETUNGEN

❯ **Deutsche Botschaft,** Groot Hertoginnelaan 18–20, 2517 EG Den Haag, Tel. +31 70 3420600, www.den-haag.diplo.de, Mo.–Do. 9–16, Fr. 9–15 Uhr
❯ **Österreichische Botschaft,** Van Alkemadelaan 342, 2597 AS Den Haag, Tel. +31 70 3245470, www.bmeia.gv.at/botschaft/den-haag.html, Mo.–Fr. 10–12 Uhr
❯ **Schweizer Botschaft,** Lange Voorhout 42, 2514 EE Den Haag, Tel. +31 70 3642831, www.eda.admin.ch/denhaag, Mo.–Fr. 10–12 Uhr

ELEKTRIZITÄT

In den Niederlanden beträgt die Stromspannung in der Regel **220 Volt Wechselstrom.** Für mitgebrachte Geräte wie Föhn oder Laptop dürften die Europa-Norm-Gerätestecker kein Problem sein.

▶ *Selbstversorger sind auf dem Zentralmarkt (s. S. 23) in Rotterdam an der richtigen Adresse*

GELDFRAGEN

Die Niederlande sind Teil der Euro-Zone, sodass ein Devisentausch für Deutsche und Österreicher nicht erforderlich ist. Die Mehrwertsteuer beträgt 19 %, für Bücher, Zeitschriften und viele landwirtschaftliche Produkte nur 6 %. Die Preise in Rotterdam sind deshalb mit denen in Deutschland oder Österreich vergleichbar. Teurer sind gewöhnlich nur Luxusartikel. Wenn man in einem Mittelklassehotel nächtigt, sollte man – zwei Mahlzeiten am Tag und ein paar Besuche in Museen, im Zoo **30** oder eine Hafenrundfahrt eingerechnet – mit einem **Tagessatz von 100 bis 150 Euro pro Person** auskommen.

Da Geschäfte, Restaurants und Hotels, Museen und große Veranstalter in der Regel **alle gängigen Kreditkarten akzeptieren**, braucht man in seiner Reisekasse eigentlich nur

◾ ROTTERDAM PREISWERT

*Preisvorteile von über 250 € bietet die **Rotterdam Welcome Card.** Mit ihr kann man die wichtigsten Attraktionen der Stadt zu ermäßigten Preisen besuchen. So gibt es auf die Hafenrundfahrt 25 % Rabatt. 20 bis 50 % betragen die Ermäßigungen in Museen wie der Kunsthalle **14** oder dem Museum Boijmans Van Beuningen **12**. Zudem locken in ausgewählten Restaurants und Klubs kräftige Preisreduktionen. Die Gutscheine sind ein Jahr lang gültig. Optional zur Welcome Card gibt es preisgünstige Pässe für die öffentlichen Verkehrsmittel. Erhältlich ist die Karte in vielen Hotels und den Tourismusbüros. Preis: 5 €.*

Taschengeld. Bei Zahlung mit einer Kreditkarte muss man aber unter Umständen seinen Ausweis vorlegen. Und natürlich gibt es überall in der Stadt auch Geldautomaten, an denen man sich „versorgen" kann. Wichtig ist auch: Nach einem niederländischen Gesetz müssen alle Geldbeträge auf 5 Cent auf- oder abgerundet werden. Ein- oder Zwei-Cent-Münzen kann man deshalb getrost zu Hause lassen.

INFORMATIONS-
QUELLEN

INFOSTELLEN ZU HAUSE

> **Niederländisches Büro für Tourismus & Convention (NBTC),** Postfach 270580, 50511 Köln, Tel. 0221 9257170, Mo.–Fr. 10–13 und 15–17 Uhr, Fax 0221 92571737, www.niederlande.de
> **Interessenten aus der Schweiz und Österreich** wählen ebenfalls diese

Nummern plus der Deutschlandvorwahl +49. E-Mail-Anfragen, die unter info@niederlande.de eingehen, werden prompt innerhalb eines Werktags bearbeitet.

INFOSTELLEN IN DER STADT

> **124** [M4] **VVV Rotterdam Store,** Coolsingel 197 (Eingang Binnenwegplein), 3012 AA Rotterdam, Tel. 0900 4034065 (nur in den Niederlanden), www.rotterdam.info, Mo.–Do./Sa. 9–17.30, Fr. 9–21, So. 10–17 Uhr, Metro: Beurs. Zentrales Besucherzentrum, in dem neben der Rotterdam Welcome Card auch Konzert- und Theatertickets, Chipkarten für Metro, Tram und Busse sowie Parkkarten verkauft werden. Große Auswahl an kostenlosen Broschüren.

> **125** [L4] **VVV Rotterdam Info-Café,** Stationsplein 45 (Eingang Weena), Tel. 010 2710120, Mo.–Sa. 9–17.30, So. 10–17 Uhr. Touristische Anlaufstelle für alle Bahnreisenden gleich neben dem Hauptbahnhof.

FUNDBÜROS

- **●126** [M4] **Fundbüro Straßenbahn, Bus oder Metro:** Coolsingel 141, Tel. 010 4476111 (ab 14 Uhr)
- ❯ **Flughafen Schiphol:** Tel. 020 7940800
- ❯ **Flughafen Rotterdam:** Tel. 010 4463450

ROTTERDAM IM INTERNET

- ❯ **www.rotterdam.nl**, offizielle Webseite der Stadt Rotterdam mit vielen nützlichen Informationen auch in englischer Sprache
- ❯ **www.rotterdam.info**, offizielle Webseite der Rotterdamer Touristeninformation in englischer und niederländischer Sprache mit Shopping- und Ausgehtipps, Ausstellungs- und Veranstaltungshinweisen sowie Essensempfehlungen
- ❯ **www.portofrotterdam.com**, offizielle und professionell gemachte Webseite der Hafenverwaltung auch in deutscher Sprache
- ❯ **www.wonen.rotterdam.nl**, zweisprachige Webseite für alle Architekturinteressierte und Menschen, die in Rotterdam einmal wohnen und leben wollen. Eine Webkamera informiert mit Livebildern über den Baufortschritt am Hauptbahnhof.
- ❯ **www.eur.nl**, Homepage der Rotterdamer Erasmusuniversität mit informativen Tipps für alle, die hier einmal studieren wollen
- ❯ **www.hotels.nl**, deutschsprachige Hotelbuchungsseite mit vielen Seiten Erfahrungsaustausch über Zimmer- und Frühstücksqualität, Service und Preis-Leistungs-Verhältnis
- ❯ **www.ratgeber-niederlande.de**, deutschsprachige Ratgeberseite mit vielen Tipps
- ❯ **www.cityguiderotterdam.com**, englischsprachiger Internet-Reiseführer mit Ausgeh-, Essens- und Unterkunftstipps

PUBLIKATIONEN UND MEDIEN

Die größte **Tageszeitung** in Rotterdam ist mit mehr als 400.000 täglich verkauften Exemplaren AD (vormals Algemeen Dagblad). Auch in Rotterdam verlegt wird das NRC Handelsblad.

◼ MEINE LITERATURTIPPS

- ❯ *Robert Uhde:* **Neue Architektur in den Niederlanden,** *Bremen 2008. Reich illustrierter Führer zur Architektur der Stadt.*
- ❯ *Christoph Driessen:* **Geschichte der Niederlande,** *Von der Seemacht zum Trendland, Regensburg 2009. Flott geschriebene Historie einer der ältesten Demokratien der Welt.*
- ❯ *Friso Wielenga/Ilona Taute (Hrsg.):* **Länderbericht Niederlande, Geschichte-Wirtschaft-Gesellschaft,** *Münster 2004. Für alle, die mehr über das Land und die dort lebenden Menschen erfahren wollen.*
- ❯ *Patricia van Ulzen:* **Imagine a Metropolis. Rotterdam's Creative Class,** *Rotterdam 2007. Lesenswerte Studie zur jüngsten Stadtentwicklung.*
- ❯ *Geert Mak:* **Das Jahrhundert meines Vaters,** *München 2005. Beeindruckender Roman, der die Verelendung der Stadt in der ersten Hälfte des letzten Jahrhunderts beschreibt.*
- ❯ *Alexander Thomas/Boris Schlizio:* **Leben und arbeiten in den Niederlanden, Was Sie über Land und Leute wissen sollten,** *Göttingen 2009. Sammelband mit Aufsätzen zu Mentalität, Sprache, Recht, Arbeitsklima …*

Deutsche Zeitungen oder Bücher kann man in der öffentlichen Bücherei der Stadt (s. S. 71) lesen – oder im Goethe-Institut. Zur Nutzung der Bibliothek braucht man ein nach Vorlage des Personalausweises ausgestelltes Dokument, das jährlich 30 € Gebühr kostet. Der Zugang zu den elektronischen Arbeitsplätzen ist dagegen kostenfrei. Noch besser aufgehoben ist man in der Bibliothek des Goethe-Instituts, wo man immer auch einen deutschsprachigen Ansprechpartner findet.

●**127** [L4] **Goethe-Institut,** Westersingel 9, Tel. 010 2092090, www.goethe.de, Di.–Do. 15–19, Fr. 13–17 Uhr

INTERNET

Immer mehr Hotels und Cafés bieten heute per WLAN Zugang zum Internet. Allerdings gilt es dabei, Preise zu vergleichen. In manchen Hotels, in denen man nach Minuten abrechnet, wird man sonst schnell viel Geld los. Kostenlos ist der Internetzugang in der RotterdamBibliothek (s. S. 71) oder im Café de Unie. Adressen:

❯ **VVV Rotterdam Info Café** (s. S. 113), Mo.–Sa. 9–17, So. 10 –17 Uhr
❯ **Zaalcaférestaurant De Unie** (s. S. 32), Mauritsweg 34–35, 3012 JT Rotterdam, Tel. 010 4049786, www.deunie.nu, Mo.–Fr. ab 11, Sa./So. ab 13 Uhr
@**129** [03] **JoHo Cybercafés,** Goudsesingel 47–49a, Tel. 010 2409077

MEDIZINISCHE VERSORGUNG

Das niederländische Gesundheitssystem ist **bestens organisiert und von hohem Standard.** In dringenden Fällen helfen auf alle Fälle die Unfallstationen der Krankenhäuser. Was früher der sogenannte Auslandskrankenschein war, ist jetzt die Europäische Krankenversicherungskarte (EHIC). Bei ihrer Vorlage wird man in den Niederlanden im Krankenhaus oder beim Arzt in der Regel kostenlos behandelt. Vor allem bei Arztbesuchen, manchmal wie bei Privatversicherten auch im Krankenhaus, besteht man auf Vorkasse. In diesem Fall reicht man die Rechnung (gut aufbewahren!) anschließend bei seiner Krankenkasse ein. Da im Ausland aber Zuzahlungen entstehen können, die in Deutschland, Österreich oder der Schweiz nicht erstattet werden, ist es ratsam, eine eigene **Reisekrankenversicherung** abzuschließen, welche die Kosten einer Privatbehandlung und ggf. den Rücktransport übernimmt.

Apotheken sind in der Regel von Montag bis Freitag mindestens zwischen 9 und 17 Uhr geöffnet. Sie

▶ *Eine Apotheke in der Rotterdamer Innenstadt-*

sind meist an einem grün erleuchteten griechischen Kreuz zu erkennen oder der Äskulapschlange. Nicht verschreibungspflichtige Medikamente wie Mittel gegen Schmerzen oder Erkältungskrankheiten, Vitaminpräparate, Heftpflaster und andere Heilmittel erhält man in Drogerien und seit Neuestem auch im Supermarkt. Sie sind häufig preiswerter als in Deutschland.

➕**130** [K6] **Klinik Erasmus MC,**
's Gravendijkwal 230, Tel. 010 7040704, www.erasmusmc.nl

➕**131** [P4] **Klinik Havenziekenhuis,**
Haringvliet 2, Tel. 010 4043300, www.havenziekenhuis.nl

➕**132** [M5] **Medsen Apotheek Westblaak,**
Westblaak 34, Tel. 010 4110370, Mo.–Fr. 8–18, Sa. 10–15 Uhr

❯ **Äztlicher Notdienst Arzt:**
Tel. 010 4201100
❯ **Notdienst Zahnarzt:**
Tel. 010 4552155
❯ **Apotheken-Notdienst:**
Tel. 010 2141044

MIT KINDERN UNTERWEGS

Auch in Rotterdam ist man darauf eingestellt, dass zunehmend Kinder mit ihren Eltern unterwegs sind. Das eine oder andere Museum hält daher für Kinder spezielle interaktive Angebote bereit. Mehr Informationen finden sich auf den entsprechenden Webseiten der Kulturorganisationen. Wegen der Sprachhürde ist es allerdings fast immer notwendig, dass die Eltern ihre Kinder begleiten.

🅂**133** [K7] **Lasergame Rotterdam,** Parkhaven 9, www.lasergamerotterdam.nl, Tel. 010 4362133, Mi. 13–22, Do. 15–22, Fr. 15–1, Sa. 11–1, So. 11–22 Uhr. Für alle Freunde von Laserschlachten. Bis zu vier Personen können sich im Bauch eines alten Schiffes im Schatten des Euromast mit bunten Strahlen duellieren.

🔟 [M5] **Maritiem Museum Rotterdam.**
Spiellandschaften im Obergeschoss für Kinder von 4 bis 12 Jahren. In interaktiven Spielen können Kinder etwa in die

054rd Abb.: gs

Rolle eines Hafenpolizisten schlüpfen. Außerdem zeigt ihnen „Professor Plons", eine virtuelle Figur, wie man sicher segelt oder ein Schiff richtig belädt.

●134 **Plaswijckpark,** Ringdijk 20, Tel. 010 4181836, www.plaswijckpark.nl, April–Oktober Mo.–So. 9–18, November–März Mi./Fr.–So. 10–17 Uhr, 9,30 € (im Winter 5,50 €). Der 1923 als Teegarten entstandene Park gilt heute als eine der schönsten Familienattraktionen, als eine gelungene Mischung aus Tiergarten und Verkehrserziehungspark.

❷ [K4] **RailZ Miniworld.** Die größte Indoor-Miniaturwelt der Niederlande liegt nicht weit weg vom Hauptbahnhof. Mehr als 70 Züge verkehren dort in einer einmaligen Modellbaulandschaft. Das Richtige für einen Regentag.

⑤135 [Q6] **Skateland Rotterdam,** Piekstraat 45, Tel. 010 4113413, www.skateland.nl, Mi. 13–22, Do. 18–22, Fr. 15–23, Sa. 13–20, So. 13–18 Uhr, 4–5,50 €. Hollands größter Indoor-Skatepark bietet Spaß das ganze Jahr. Ausrüstung kann vor Ort gegen ein Entgelt (6,50 € pro Tag) und Vorlage eines Personalausweises gemietet werden.

⑤136 **Steep Part Kletterzentrum,** Prinsenlaan 910, Tel. 010 2869794, www.steeppart.nl, Mo. 17–22.30, Di./Do./Fr. 15–22.30, Mi. 13–22.30, Sa. 10–20, So. 11–20 Uhr. Großes Kletterzentrum für Alt und Jung, für Anfänger und Fortgeschrittene.

⑤137 [P4] **Tropicana,** Maasboulevard 100, Tel. 010 4020700, www.tropicana.nl, Mo.–Fr. 10–22, Sa./So. 10–20 Uhr, 14,50 € (Kinder 11,50 €). Tropenfeeling in der Großstadt – Baden zwischen Palmen und Bananenbäumen: ein

Riesenspaß bei 30 Grad Lufttemperatur auch im Winter. Neben einem großen Wellenbad gibt es für Abenteuerlustige eine eigene Wildwasserbahn.

⑤138 [J7] **Vicks Blue Winterplein,** Lloyd Multiplein Schiehaven 5, Tel. 010 2045777, www.vicksbluewinterplein.nl, Mitte Dezember–Mitte Januar, Mo.–Fr. 15–21, Sa./So. 10–21 Uhr. Im Stadtteil Schiehaven steht zum Jahreswechsel die größte Eisbahn der Stadt. Dort kann man ausgiebig Schlittschuh fahren.

●139 [P6] **Villa Zebra,** Stieltjesstraat 21, Tel. 010 2411717, www.villazebra.nl, Di.–So. 11–17 Uhr, 3 €. Ein Kunsttempel an der Maas für Kinder zwischen 4 und 12 Jahren. Im Süden Rotterdams können die Kleinen unter fachkundiger Anleitung selbst Bilder malen und verkaufen. 30.000 Besucher zählt das Kunsthaus jährlich, mehr als die Hälfte davon sind Kinder.

㉚ [I3] **Zoo Rotterdam.** Mit seinen großen Freigehegen zählt der 1857 eröffnete Zoo zu den schönsten Europas.

NOTFÄLLE

NOTRUF

Im Notfall gibt es in den Niederlanden nur **eine landesweit gültige Telefonnummer:** Unter **Tel. 112** erreicht man so **Polizei, Feuerwehr und Krankenwagen.** Tag und Nacht stehen dort auch englischsprachige Kontaktleute zur Verfügung.

KARTENVERLUST

Verloren gegangene Kredit- oder EC-Karten sollte man umgehend per Anruf beim **zentralen Sperrannahmedienst für Debitkarten** (z. B. girocard-Karten, Maestro-Karten, BankCards, SparkassenCards) unter Tel. 0049

◀ *Erlebnis für Jung und Alt: ein Bummel durch den Zoo* ㉚

(0)1805021021 (14 Cent/Min.) oder aber beim **zentralen Sperr-Notruf** unter Tel. 0049 116116 oder 0049 30 40504050 (gebührenpflichtig, hier auch Kreditkartensperrung möglich) melden. Details finden sich unter www.sperr-notruf.de. Es empfiehlt sich, vor der Reise die individuellen Kartensperrnummern (auf Merkblatt bzw. Kartenrückseite) zu notieren.

> **Infos:** www.kartensicherheit.de

In **Österreich und der Schweiz gibt es keine zentrale Sperrnummer,** daher sollten sich Besitzer von in diesen Ländern ausgestellten Maestro-(EC-) oder Kreditkarten vor der Abreise bei ihrem Kreditinstitut über den zuständigen Sperrnotruf informieren. Generell sollte man sich immer die wichtigsten Daten wie Kartennummer und Ausstellungsdatum **separat notieren,** da diese unter Umständen abgefragt werden.

ÖFFNUNGSZEITEN

Nach dem Ladenschlussgesetz dürfen Geschäfte in den Niederlanden werktags zwischen 6 und 22 Uhr öffnen, gelegentlich auch sonntags. Städte mit viel Fremdenverkehr dürfen **sogar jeden Sonntag** ihre Geschäfte öffnen, was in Rotterdams City auch so praktiziert wird. In der Regel öffnen Rotterdams Geschäfte werktags zwischen 8.30 und 10 Uhr und haben dann durchgehend bis 17.30 oder 18 Uhr geöffnet. Sonntags sind die Läden in der Innenstadt zwischen 12 und 17 Uhr zugänglich. Kleinere Läden haben montagvormittags im Allgemeinen geschlossen.

> **Banken:** Mo. 13–16, Di.–Fr. 9–16 Uhr
> **Museen:** täglich 10/11–17 Uhr (Viele sind allerdings montags geschlossen.)

POST

Seit der Privatisierung des Postwesens hat Rotterdam keine klassischen Postämter mehr, sondern sogenannte **Postwinkel:** kleine Geschäfte, die auch Schreibwaren und andere Gebrauchsgüter verkaufen. In der Regel sind die Postläden montags bis freitags von 9–17 Uhr geöffnet. Deutlich längere Öffnungszeiten hat die Hauptpost in der Nähe des Hauptbahnhofs ❶, die ihre Schalter werktags von 9 bis 18 (freitags bis 21) und samstags von 9 bis 17 Uhr offen hält.

✉ **140** [L4] **Hauptpost – TNT Postwinkel,** Weena 296–298

Briefkästen in den Niederlanden sind nicht gelb wie in Deutschland, sondern orange oder rot und mit der Aufschrift TNT (Thomas Nationwide Transport) gekennzeichnet. In der Regel haben die Kästen zwei Einwurfschlitze: Der rechte ist für innerörtliche Sendungen bestimmt, der linke für die Urlaubspost.

Postkarten und Briefe (bis 20 g), die innerhalb der Europäischen Union verschickt werden, müssen mit 0,70 € **Briefporto** frankiert werden. Kompaktbriefe bis 50 g kosten 1,25 €.

RADFAHREN

Rotterdam ist **ein Paradies für Radfahrer.** So gibt es außer ein paar Brückenauffahrten so gut wie keine anstrengenden Steigungen im Stadtgebiet. Viele Straßen haben eigene Fahrradwege. Diese Vorzüge wissen inzwischen auch immer mehr Touristen zu schätzen, auf die sich die Fahrradverleiher eingestellt haben. So bietet Rotterdam ByCycle Gruppen

dreistündige Stadtrundfahrten für 20 € oder Radausflüge zu den architektonischen Highlights der Stadt.

S141 [L4] **Rotterdam ByCycle,** Conradstraat 6, www.rotterdambycycle.nl, Tel. 010 4652228, Mo.–Fr. 10–18 Uhr, Mietpreis: 6 € pro Tag. Die Firma unterhält neben dem Hauptbahnhof eine Zweigstelle (Schaatsbaan 41–45).

Räder vermieten auch die öffentlichen Verkehrsbetriebe, die im Stadtgebiet mehrere Ausleihstellen unterhalten. Eine Übersicht über Tarife und Mietstationen gibt es im Web: www.ov-fiets.nl. Hier eine kleine Auswahl von Leihstationen:

S142 [K4] **Rotterdam Centraal Rijwielshop Rotterdam,** Conradstraat 18, www.ov-fiets.nl, Mo.–Fr. 4.45–1.45, Sa. 5.20–1.45, So. 6.30–0.50 Uhr

S143 Rotterdam Erasmusbrücke, Parkgarage Willemsplein 2, www.ov-fiets.nl, Mo.–Do. 7–23, Fr./Sa. 7–24, So. 10–18.30 Uhr

S144 [N4] **Rotterdam Blaak,** Fietsenstalling Binnenrotte, Nieuwstraat 1, Mo.–Do. 7–19.30, Fr. 7–21.30, Sa. 7–18.15, So. 10.30–18.15 Uhr

SCHWULE UND LESBEN

Neben Amsterdam ist Rotterdam **Hollands Schwulenhochburg.** Seit 1947 kümmert sich dort die Federation COC um die Belange von Schwulen und Lesben. **Schwulenlokale** finden sich vor allem um die Van Oldenbarneveltstraat und um den Schouwburgplein ❹. Hier eine kleine Auswahl an Treffpunkten:

145 [M5] **Café Praag & Sissi (Coc Rotterdam),** Schiedamsesingel 175, Tel. 010 4141555 www.cocrotterdam.nl. Kleines Café für Schwule und Lesben im Erdgeschoss der Organisation COC. Für viele erste Anlaufstelle in der Stadt.

146 [L4] **Apollo,** Van Oldenbarneveltstraat 116, www.apollo-rotterdam.nl, Tel. 010 4361444. Fr. 18–2, Sa. 21–2 Uhr. Populärer Schwulen- und Lesbentreffpunkt, freitagabends Party für schwule Teens und junge Twens. Einlass nur bis 26 Jahre.

147 [L4] **Lef,** Mauritsstraat 1a, Tel. 010 4135120, www.ditislef.nl, tgl. ab 16 Uhr. Sehr populäre Schwulenbar nicht weit weg vom Hauptbahnhof. Berühmt sind die Themenabende.

SICHERHEIT

Die Sicherheitslage hat sich in den letzten Jahren verbessert. Allerdings sollte man nachts außerhalb der Innenstadt **vorsichtig sein** – vor allem als Alleinreisender. Wer aber seinen Reichtum nicht demonstrativ zur Schau trägt und sich entsprechend umsichtig verhält, ist auch in Rotterdam keiner größeren Gefahr als in anderen großen Hafenstädten ausgesetzt. Immer rechnen muss man mit Handtaschenräubern, die in der Innenstadt agieren, oder mit Taschendieben, die in Straßenbahnen unterwegs sind. Auch sollte man keine Gegenstände wie Laptops oder Handys sichtbar in geparkten Fahrzeugen hinterlassen. Im Fall eines Autoaufbruchs, Diebstahls oder anderer krimineller Delikte wendet man sich an die Polizei:

➤148 [M4] **Polizeizentrale**, Doelwater 5, www.politie-rotterdam-rijnmond.nl, Tel. 0900 8844, 24 Std. geöffnet

SPORT UND ERHOLUNG

Groß ist die **Palette sportlicher Angebote** in der Stadt. In vielen Parkanlagen finden sich ausgewiesene Sportplätze. Skaterpark Westblaak heißt einer der besten Skaterplätze der Niederlande mitten in der Innenstadt. Joggern stehen die Grünanlagen ebenso offen wie die Straßen und Wege am Ufer der Maas. Hallen- und Spaßbäder wie das Tropicana (s. S. 117) sind vor allem an Regentagen eine Alternative zum Stadtbummel. Viele Hotels wie etwa das Bilderberg Parkhotel (s. S. 123) haben eigene Wellnessabteilungen. Verwöhnt wird der Gast auch in den Thermen Holiday Schiedam, einem Wellnesstempel mit Schwimmbad, Hammam, Whirlpools und einer in Rotterdam einmaligen Saunalandschaft:

🛏149 [A3] **Thermen Holiday, Sauna und Beautycenter**, Prinses Beatrixlaan 10, Schiedam, Tel. 0900 9355, www. thermenholiday.nl, Eintritt ab 19,95 € (Handtücher, Bademantel und -schlappen sind zu leihen.)

SPRACHE

Nur die wenigsten Niederländer sprechen gut deutsch, deshalb sollte man deutsche Sprachkenntnisse nicht einfach voraussetzen, sondern höflicherweise vorher fragen. Gut kommt **man mit Englisch** weiter, das die meisten Holländer, mit denen man es zu tun haben wird, auch sprechen. Empfehlenswert ist es auch, sich ein paar Grundkenntnisse der niederländischen Sprache anzueignen, zum Beispiel mit dem Kauderwelsch Sprachführer „Niederländisch – Wort für Wort" aus dem Reise Know-How Verlag.

STADTTOUREN

Rotterdam lässt sich **auf vielen Wegen erobern.** Per Fahrrad, Bus oder zu Fuß führen die Archiguides architekturinteressierte Besucher durch die Stadt. Die Touren sind meist individuell und ganz auf das Interesse der Tourbucher abgestellt. Ganz modisch mit gestylten Tretrollern oder Rädern ist man mit Around Town unterwegs, wo man jeden Stadtteil genauer unter die Lupe nehmen kann und auf Themen wie Mode und Lifestyle setzt. Spido Tours hat sich auf Hafenrundfahrten spezialisiert. Im Wasser und an Land ist der Anbieter Splash Tours zu Hause, der mit

Amphibienfahrzeugen das „Manhattan an der Maas" erkundet. Per Straßenbahn ist man mit der Brazzo City Tram Tour unterwegs – und in asiatischen Auto-Rikschas geht es drei Stunden mit der Tuk Tuk Company durch Rotterdam.

- ●**150** [O4] **Around Town**, Overblaak 104, Tel. 010 4776477, www.aroundtown.nl. Eventorientierter Veranstalter mit trendigen Touren zu Fuß und per Rad.
- ●**151** [L3] **Archiguides**, Conradstraat 6, www.rotterdam-archiguides.nl, Tel. 010 4332231. Auf Kunst, Kultur, vor allem aber Architektur konzentrierter Touranbieter. So gibt es jedes Wochenende mittags eine geführte Wanderung zu den architektonischen Highlights der Stadt.
- ❯ **RIB Experience**, Westzeedijk 80b, Tel. 010 4113727, www.rib-experience.nl. Stadttour im Hochgeschwindigkeits-Gummiboot. Zwanzigminütiger Wellenritt unter der Erasmusbrücke hindurch. Start Fr. ab 15, Sa. ab 14 Uhr (Mai–Oktober) am Boerengat gegenüber dem Restaurant Kaat Mossel. Preis p. P. 25 €.
- ❯ **Rotterdam ByCycle** (s. S. 119), Conradstraat 6, www.rotterdambycycle.nl, Tel. 010 4652228. Auf Radtouren spezialisierter Veranstalter. Im Angebot ist unter anderem eine dreistündige Stadttour. 20 € inkl. Fahrradmiete.
- ❯ **Spido**, Willemsplein 85, Tel. 010 2759988, www.spido.nl. Direkt neben der Erasmusbrücke starten die Spido-Boote zu ihren Touren durch den Hafen. 75 Minuten dauert die klassische Rundfahrt. Preis p. P. 9,50 €.
- ❯ **Splash Tours**, Parkhaven 11, Tel. 010 4369491, www.splashtours.nl. Mehrmals am Tag geht der wasserfeste Bus von der Touristeninformation in der Coolsingel 197 aus (s. S. 113) im Sommer auf Tour – im Winter, wenn überhaupt, nur am Wochenende. Die Route führt kreuz und quer durch die Stadt, mitten durch die Maas auch. Preis p. P. 19,50 €.

EXTRATIPP

Erbsensuppe in der Straßenbahn

Bis zu 54 Personen finden in der „Snerttram" Platz, der „Erbsensuppen-Straßenbahn". Von Oktober bis Mai startet sie jedes Wochenende am Restaurant Brazzo zu einer **neunzigminütigen Tour** durch Rotterdam. Ein Akkordeonspieler sorgt für Musik, außerdem wird ein Teller heißer Erbsensuppe serviert.

❯ **Brazzo City Tram Tour**, Boezemstraat 188, Tel. 010 4148079, www.brazzo.nl, Sa. 14.30 und 16.30, So. 16.30 Uhr, Internetbuchung möglich, p. P. 15 €.

❯ **Tuk Tuk Company Rotterdam**, Keenstraat, www.tuktukcompany.nl. Vier Stunden kreuz und quer mit der Auto-Rikscha zu den Sehenswürdigkeiten der Stadt, mit 69 € pro Person ein nicht ganz billiges Vergnügen.

TELEFONIEREN

In Rotterdam finden sich **so gut wie keine öffentlichen Telefonzellen** mehr. Mobiltelefone funktionieren fast immer. Dank eines EU-Beschlusses gelten für das **Telefonieren mit Handy** im EU-Ausland seit 2007 maximale Preisobergrenzen, die 2009 nochmals gesenkt wurden: 43 Cent/Min. für abgehende Gespräche, 19 Cent/Min. für eingehende Anrufe. Man kann vor Ort auch ein preiswertes Handy samt SIM-Karte erwerben, das Ferngespräche u. U. preiswerter macht.

Die **Ortsnetzvorwahl** von Rotterdam lautet 010. Bei Anrufen aus Deutschland, Österreich und der Schweiz entfällt die Null allerdings, sodass man nach Rotterdam immer 003110 wählt und anschließend die in der Regel siebenstellige lokale Rufnummer. Bei Ortsgesprächen muss man die Null der Ortsnetzkennzahl 010 allerdings immer mitwählen. Die internationale Auskunft ist unter Tel. 0900 8418 zu erreichen. Internationale Vorwahlen:

> **Niederlande:** +31
> **Deutschland:** +49
> **Österreich:** +43
> **Schweiz:** +41

TIERE

Tiere wie Hunde oder Katzen **kann man nach Rotterdam mitnehmen.** Allerdings sollte man sich vorher im Hotel erkundigen, ob der Vierbeiner dort auch gern gesehen ist. Das gilt auch für viele Gaststätten und Cafés. Bei der Einreise gilt es, bestimmte Auflagen zu beachten. So braucht man einen sogenannten **EU-Heimtierausweis,** der seit einigen Jahren die bislang einzelnen Dokumente der EU-Staaten ersetzt. Der neue Ausweis dient vor allem dem Nachweis, dass das Tier gegen Tollwut geimpft ist. Empfehlenswert ist auch die Implantation eines Mikrochips, der im Fall des Falles die Suche nach dem Liebling erleichtert. Hunde müssen ein Halsband tragen und im Stadtgebiet angeleint sein. Allerdings gibt es speziell ausgewiesene Straßen und Gebiete, in denen man mit seinem Vierbeiner auch ohne Leine unterwegs sein kann. Häufchen müssen aufgesammelt werden, ansonsten droht ein Bußgeld von 90 €.

> Buchtipp: „**Vorreisen mit Hund**" aus dem REISE KNOW-HOW Verlag

UNTERKUNFT

ALLGEMEINES

Die niederländischen Hotels sind **durch Sterne klassifiziert.** In der Regel findet sich am Hoteleingang ein Schild mit Sternen, das Aufschluss über die Qualifizierung gibt. Ein Stern steht für ein ganz einfaches Zimmer mit Waschbecken und Etagenbad. Fünf Sterne gibt es für ein mindestens 26 Quadratmeter großes Zimmer mit Klimaanlage und Parkgarage. Außerdem muss die Rezeption rund um die Uhr besetzt sein. Für 3-Sterne-Herbergen ist die Zimmergröße auf mindestens 17, für 4-Sterne-Häuser auf 22 Quadratmeter Mindestgröße festgeschrieben.

056rd Abb.: gs

◀ *Reisen mit Hund: Auch der CityTrip-Autor war mit seinem Vierbeiner unterwegs*

Über die **Preisgestaltung** sagt die Qualifizierung allerdings wenig aus. So kann am Wochenende ein 3-Sterne-Hotel teurer als ein 5-Sterne-Palast sein, der werktags meist Geschäftsreisende beherbergt. Hinzu kommt, dass die Sterne nur die Grundausstattung bewerten. Die Akzeptanz mehrerer Kreditkarten oder ein Schwimmbad fällt dabei stärker ins Gewicht als die individuelle Ausstattung der Zimmer oder gar der Service. Deshalb ist es ratsam, hin und wieder auch in einem der zahlreichen **Hotelbewertungsportale** im Internet nachzuschauen, in denen Reisende ihre individuellen Erfahrungen weitergeben.

Gelegentlich ist das Frühstück in den Hotelpreisen nicht eingeschlossen. Deshalb sollte man die **Preise immer genau vergleichen.** So logieren immer mehr Gäste in edlen Herbergen, frühstücken aber nach Lust und Laune im Café um die Ecke – auch oft zu Zeiten, wenn die Frühstücksbüfetts in den Hotels längst abgeräumt sind.

Abgesehen von Messezeiten oder Großveranstaltungen dürfte sich in Rotterdam und Umgebung immer eine Unterkunft finden lassen. Auch Bed and Breakfast wird immer beliebter. Hin und wieder werden inzwischen auch Appartements angeboten, die sich vor allem für längere Mietperioden eignen.

PREISKATEGORIEN UNTERKÜNFTE

€	ab 10 €
€€	ab 50 €
€€€	ab 100 €
€€€€	ab 150 €
(Preis für ein DZ ohne Frühstück)	

UNTERKUNFTSEMPFEHLUNGEN

Hotels

🏠**153** [M5] **A Small Hotel** €€€, Witte de Withstraat 92, Tel. 010 4140303, www.asmallhotel.com. Ganze sechs Zimmer auf drei Stockwerken zählt das privat geführte Hotel im Herzen der Stadt. Gäste schätzen neben der familiären Atmosphäre die individuelle Ausstattung. Knabbereien und Getränke aus der Minibar werden nicht extra berechnet.

🏠**154** [M5] **Hotel Bazar** €€ (s. S. 30), Witte de Withstraat 16, 3012 BP Rotterdam, Tel. 010 2065151, www.bazarrotterdam.nl. Multikulturelles Ethno-Hotel nicht nur für Rucksacktraveller aus aller Welt. Jedes Zimmer ist individuell ausgestattet und voller Exotik. Afrikanische, arabische und südamerikanische Möblierung. Zentral in Rotterdams Kulturmeile gelegen.

🏠**155** [L5] **Bilderberg Parkhotel** €€, Westersingel 70, Tel. 010 4363611, www.bilderberg.nl. Ältestes und eins der elegantesten Häuser der Stadt. Zentral gelegen im Museumsviertel. Gäste rühmen auch das Hotelrestaurant, auf dessen Gartenterrasse im Sommer Mittag- und Abendessen serviert wird. 189 komfortable Zimmer, WLAN, Hotelgarage, Sauna, Solarium und Fitnessraum.

🏠**156** [H3] **Domina Hotel** €€, Energieweg 2, www.dominahotels.com, Tel. 010 7139000. 4-Sterne-Hotel direkt neben dem Zoo **30**. 189 elegante Zimmer und Suiten in modernem Design. Ideal für Reisende, die mit dem Auto unterwegs sind. Hunde willkommen. Das Hotelrestaurant serviert neben italienischer auch internationale Küche. Gemütliche Bar im Erdgeschoss.

🏠**157** [K7] **Euromast** €€€€, Parkhaven 20, 3016 GM Rotterdam, Tel. 010 4364811, www.euromast.nl. Das Hotel offeriert Zugang zum Internet. Zwei Hotelsuiten bieten in gut 100 Metern Höhe,

Suitehotel Pincoffs – Wohnen mit Stil

Michelins unbestechliche Hotelinspektoren halten es für **das beste in Rotterdam,** das Suitehotel Pincoffs am Binnenhaven. Persönlichen Service, individuell ausgestattete Zimmer und die Lage würdigten die Hoteltester 2010 mit drei roten Häuschen, dem höchsten Rangabzeichen der Branche. Dabei ist das im 19. Jahrhundert erbaute Haus offiziell nur mit vier Sternen klassifiziert. 17 Zimmer bietet es dem Gast, gemütliche Standardräume mit Dachschrägen und große Suiten mit einmaligem Blick über die Maas und auf die Erasmusbrücke ㉔. Wassertaxen halten fast vor der Haustür, bringen den Besucher in Minutenschnelle in die Stadt. Altes wie die Originaltreppen des inzwischen unter Denkmalschutz stehenden Hauses verbindet sich im Pincoffs mit Neuem: So hat jedes Zimmer eine Espressomaschine, DVD-Player und Internetanschluss – das sogenannte Honey-Moon-Zimmer gar eine Badewanne für zwei. Zimmerpreise ab 125 €.

057rd Abb.: gs

🏨**160** [O6] **Suitehotel Pincoffs** €€€-€€€€, Stieltjestraat 34, Tel. 010 2974500, www.hotelpincoffs.nl. Das Haus am Binnenhaven ist das exklusivste Hotel der Stadt. Das privat geführte Boutiquehotel in einem denkmalgeschützten Bau besticht durch hochwertige Ausstattung und erstklassigen Service.

▲ *Modernes Design hinter alten Mauern: Frühstücksraum im Suitehotel Pincoffs*

neben spektakulären Ausblicken tagsüber, in der Nacht fast absolute Ruhe. Zur Ausstattung gehören neben einem Doppelbett auch eine Lounge-Ecke samt Minibar. Preis: 385 €

🏨**158** [L8] **Cruisehotel SS Rotterdam** €€€, Derde Katendrechtse Hoofd 25, 3072 Rotterdam, Tel. 010–741900, www.cruisehotel.nl. Mehr als 200 Kabinen auf einem ehemaligen Luxusliner stehen heute Hotelgästen offen, von der einfachen Innenkabine bis zur Luxuskabine mit Panoramasicht, in der früher der Kapitän des Kreuzfahrtschiffes zu Hause war (s. S. 87).

🏨**159** [J7] **Hotel Stroom** €€, Lloyd straat 1, www.stroomrotterdam.nl, Tel. 010 2214060, Boutiquehotel im Szeneviertel Lloydskwartier. Alle Zimmer in dem ehemaligen Kraftwerksgebäude sind individuell eingerichtet. Besonderen Wert legten die Hoteldesigner aufs Bad. So gibt es neben schönen Kingsize-Betten große Badewannen und Doppelduschen. WLAN und luxuriöse Lautsprecherboxen samt Abspielstation für den i-Pod gehören ebenso zur Ausstattung.

🏨**161** [N7] **Hotel New York** €€-€€€, Koninginnenhoofd 1, www.hotelnewyork.nl, Tel. 010 4390555. Das an der Spitze des

Wilhelmina-Piers gelegene Hotel verfügt über 72 Zimmer und ist im ehemaligen Verwaltungsgebäude der Holland-Amerika-Linie untergebracht. Alle Zimmer sind individuell ausgestattet und verfügen über WLAN. Prunkstück ist die Terrasse mit einmaligem Blick über die Nieuwe Maas.

🏨162 **Van der Valk Hotel Nieuwerkerk a/d Ijssel** €€, Parallelweg-Zuid 185, Tel. 0180 321103, www.valk.com. Ideal für Autoreisende, die neben der Stadt auch die Umgebung entdecken wollen. Ruhiges 4-Sterne-Hotel mit 102 Komfort-Zimmern und 200 kostenlosen Parkplätzen sowie eigenem Restaurant. Mit dem Fahrrad lässt sich die umliegende Polderlandschaft bestens erkunden.

🏨163 [N5] **Golden Tulip Rotterdam Centre** €€, Leuvehaven 80, Tel. 010 4134139, www.goldentuliphotelinntel.com. Designhotel im Hochhaus direkt am Flussufer mit einmaligem Blick über die Stadt. Je höher die Zimmer liegen, umso beeindruckender die Aussicht, deshalb unbedingt ein Zimmer in den Obergeschossen reservieren! Restaurant und Bar im Haus, kostenpflichtige Parkplätze direkt unter dem Hotel. Ideale Lage für alle Citybummler.

Appartements

🏨164 [N3] **Enjoy Rotterdam,** Goudesingel 380, www.enjoy-rotterdam.com, Tel. 010 8920219. Die spanische Immobilienagentur vermittelt möblierte Wohnungen in der Innenstadt. Die Appartements sind in verschiedenen Größen, alle mit kleinen Küchen und einem oder mehreren Schlafzimmern ausgestattet und liegen in der Regel in der Innenstadt oder im Stadtteil Delfshaven. Ab 20 Quadratmeter, Mindestübernachtungszeit: zwei Nächte. Preis ab 80 € pro Nacht und Zimmer.

Jugendherbergen

🏨165 [K4] **De Mafkees** €, Schaatsbaan 41–45, www.use-it.nl, Tel. 010

2409158. Geöffnet: Juli bis August und während des Internationalen Filmfestivals Ende Januar. Für junge Leute die preiswerteste Sommerunterkunft. Für rund 10 € inklusive Frühstück gibt es ein Nachtlager im Großraumschlafsaal mit 120 Betten. Für Frauen und Mädchen gibt es ein kleineres Nebenzimmer.

🏨166 [M6] **Hostel ROOM** €, Van Vollenhovenstraat 62, Tel. 010 2827277, www.roomrotterdam.nl. Die im Herzen des Schifffahrtsquartiers gelegene Jugendherberge verfügt über Zimmer mit vier bis zehn Betten. Doppelzimmer sind ab 50 € im Angebot. Internetecke und Küche für Selbstversorger. Fast jeden Abend organisiert die Herbergsleitung für die Gäste ein Programm – hin und wieder auch Livekonzerte.

🏨167 [O4] **Stayokay Rotterdam** €€, Overblaak 85–87, Tel. 010 4365763, www.stayokay.com/Rotterdam. Wohnen in den berühmten Kubushäusern. Zimmer für zwei, vier oder sechs Personen. Fahrradvermietung und Internetstation. Doppelzimmer ab 65 € (s. S. 78 Exkurs).

CAMPING

Wildes Campen ist in den Niederlanden **verboten.** Um einen Platz auf dem städtischen Campingplatz sollte man sich frühzeitig kümmern. Ansonsten ist man weit außerhalb der Stadt immer gut aufgehoben, im Nordwesten nahe der Nordsee auf dem Campingplatz Delflandhoeve oder mitten im Grünen an der alten Maas.

⚠168 [H2] **Stadscamping Rotterdam,** Kanaalweg 84, Tel. 010 4153440, www.stadscamping-rotterdam.nl. Einfacher Zelt- und Stellplatz für Caravans in der Nähe des Zoos. Im Angebot ist auch die Vermietung von Blockhütten für zwei oder vier Personen. Kostenpflichtiger Internetzugang im Rezeptionsbereich.

⚠ **169 Delflandhoeve,** Schieweg 166, Delft, Tel. 015 2129003, www.delflandhoeve.nl, April–Oktober. Der schön gelegene Platz findet sich im Dreieck zwischen den Städten Delft, Rotterdam und Vlaardingen.

⚠ **170 Camping De Oude Maas,** Achterzeedijk 1a, Barendrecht, Tel. 078 6772445, www.campingdeoudemaas.nl. Der direkt am Fluss auf der Insel Ijsselmonde gelegene Platz in der Nähe von Dordrecht und Rotterdam hat über 100 Stellplätze. Außerdem sind in der Nachbarschaft kleine Holzchalets zu mieten.

VERHALTENSTIPPS

Was das **Bezahlen in Cafés und Restaurants** betrifft: Es ist eher unüblich, dass jeder einzeln bezahlt. **Meist wird zusammengelegt.** Und wenn man in der Kneipe steht und gemeinsam etwas trinkt, werden abwechselnd Runden ausgegeben. In der Regel bestellt man diese Runden direkt an der Theke, denn in vielen Kneipen ist es nicht üblich, dass ein Ober an den Tisch kommt. Wenn ja, ist es populär, auch ihm einen Drink auszugeben.

Das **Rauchen** in öffentlichen Gebäuden und Gaststätten (Restaurants, Bars und Cafés) mit Ausnahme speziell abgeschlossener Raucherräume oder als privat deklarierter Räume ist verboten. Rauchen auf dem Hotelzimmer wird zwar gesetzlich geduldet, doch die meisten Hotels haben ihre eigenen Regelungen. Gewöhnlich bieten sie Zimmer an, in denen geraucht oder nicht geraucht werden darf. Nichtraucher sollten deshalb immer ein Nichtraucherzimmer verlangen. Erlaubt ist das Rauchen von Marihuana in den sogenannten Coffeeshops, sofern die Droge nicht mit Tabak vermischt ist.

Taxifahrer erwarten kein großes **Trinkgeld,** freuen sich aber, wenn man den Endpreis auf einen vollen Eurobetrag aufrundet. In Restaurants und Cafés ist in der Regel bereits ein Bedienungszuschlag im Preis inbegriffen. Trotzdem sollte man, wenn man mit dem Service zufrieden war, 5 bis 10 Prozent Trinkgeld geben. Auch Dienstboten und Zimmermädchen in den Hotels freuen sich, wenn man ihre Arbeit entsprechend würdigt.

Teuer wird es, wenn man in den Niederlanden als Freipinkler erwischt wird. Ordentlich ins Geld gehen kann es auch, wenn man seine Autolautsprecher zu stark aufgedreht hat und die Umwelt mit Lärm belastet.

Viele Besucher sind der Meinung, jeder Niederländer spreche auch deutsch. Einfach davon auszugehen, ist überheblich und trägt nicht gerade zur Förderung eines guten Rufs bei. **Ein paar Sätze niederländisch** können Wunder wirken, ansonsten sollte man seinen Gesprächspartner vorher fragen, ob er lieber deutsch oder englisch spricht.

VERKEHRSMITTEL

Rotterdam ist durch Metro, Busse, Straßenbahnen und Wassertaxen **bestens erschlossen,** sodass man tagsüber nie lange auf eine Verbindung warten muss. Zentrale Umschlagplätze für den öffentlichen Nahverkehr sind der Hauptbahnhof (Rotterdam Centraal) ❶ und die Börse (Beurs), wo sich die Metrolinien von Nord nach Süd und die von Ost nach West kreuzen.

Der **öffentliche Nahverkehr,** abgekürzt OV, wird in der Region von der **Gesellschaft RET** betrieben. Das bedeutet, dass für Metro, Busse und

Straßenbahnen das gleiche Ticketsystem gilt: die **ÖPV-Chipkarte** (*OV-chipkaart*). Sie sieht wie eine Scheckkarte aus und enthält einen nicht sichtbaren Chip, der von den Lesegeräten an den Ein- und Ausgängen der Metro ebenso gelesen werden kann wie von denen in Bussen und Bahnen.

Es gibt **verschiedene Chipkarten** – etwa eine anonymisierte Karte, die mit einem bestimmten Geldbetrag vorher aufgeladen werden kann und von der die Kosten jeder Fahrt automatisch abgebucht werden. Touristisch relevanter sind sicher die Chipkarten, die für eine bestimmte Zeit beliebig oft genutzt werden können, meist ein bis drei Tage – oder auch für eine bestimmte Anzahl von Fahrten. Diese Karten gibt es am Hauptbahnhof und den Metrostationen Beurs oder Zuidplein sowie in allen anderen RET-Servicestellen, in Verbindung mit der Rotterdam Welcome Card auch bei den Touristikämtern.

Außerdem gibt es viele **Fahrscheinautomaten**, an denen man jederzeit eine Einzelfahrt lösen kann. Unter www.ov-chipkaart.nl gibt es einen Informationsfilm, der schon vor Beginn der Reise erklärt, wie man mit der Chipkarte umgehen muss.

METRO

Rotterdam hat **zwei Metrolinien**, eine blau markierte Nord-Süd- und eine rot gekennzeichnete Ost-West-Verbindung. Die Nord-Süd-Linie nahm im Februar 1968 ihren Dienst auf, 1982 kam die Ost-West-Verbindung dazu. Ein großes gelbes M zeigt die Haltepunkte an. Die Metro verkehrt von frühmorgens bis kurz nach Mitternacht. Die Chipkarte muss man übrigens auch beim Verlassen der U-Bahn einem Lesegerät präsentieren, erst danach wird der Ausgang geöffnet.

BUS UND STRASSENBAHN

Die Zielorte und Nummern der Bus- und Tramverbindungen sind auf der Frontseite der Busse und Bahnen angezeigt. Gewöhnlich verkehren sie zwischen 6 und 23 Uhr. Am Wochenende gibt es eigene **Nachtbuslinien** (Fahrtstrecken: www.bob-bus.nl), die gewöhnlich am Hauptbahnhof ❶ starten.

Wer einsteigen will, muss dem Bus- oder Straßenbahnfahrer dies **per Handzeichen ankündigen**. Beim Aussteigen ist eine Klingel zu drücken, die dem Fahrer signalisiert, dass man das Fahrzeug verlassen möchte. Wer keinen Fahrschein hat, muss immer vorn einsteigen, mit gültigem Ticket kann man auch die anderen Türen benutzen.

❯ Mehr Infos und die passenden Fahrpläne gibt es auf der Website www.ret.nl.

05 9rd Abb.: gs

▶ *Wassertaxi: nicht billig, aber schnell*

WASSERTAXI

Zu den Besonderheiten der Stadt zählen die Wassertaxen, die eine **schnelle Verbindung** über die Nieuwe Maas bilden. Sie verkehren regelmäßig zwischen dem Hotel New York (s. S. 124) und dem Veerhaven bzw. Leuvehaven. Die Taxen verkehren Mo.–Do. 7–24, Fr. 7–1, Sa./So. 9–24 Uhr. Man kann die sogenannten Maas-Taxen aber auch individuell zu einem der zahlreichen Anleger bestellen, dann allerdings wird es wesentlich teurer.

> www.watertaxirotterdam.nl
> (nur in niederländischer Sprache),
> Tel. 010 4030303

WASSERBUS

Eine bequeme Art, in die Nachbarschaft zu reisen, ist der Wasserbus: ein **schneller Katamaran**, der Rotterdam mit Dordrecht, Papendrecht oder Ridderkerk verbindet. Mit Umsteigen kommt man mit den Wasserbussen auch schnell und ohne Staugefahr zu den unter dem Schutz des Weltkulturerbes stehenden Windmühlen von Kinderdijk 37 oder ins Naturschutzgebiet De Biesbosch 35. In der Regel bieten die nach Fahrplan verkehrenden Wasserbusse 100 bis 130 Reisenden Platz. Außerdem können Fahrräder mit an Bord genommen werden.

> **Waterbus**, Westerkade 4a, Tel. 0800 0232545, www.denieuwewaterbus.nl. Die Schiffe verkehren werktags alle halbe Stunde von Rotterdam nach Dordrecht und zurück.

TAXI

Wie überall in Holland beträgt der Taxi-Grundpreis 7,50 €. Dieses Startgeld ist unabhängig von der Streckenlänge fällig und schließt die beiden ersten Kilometer ein. Jeder weitere Fahrtkilometer schlägt mit 2,20 € zu Buche. Taxistände befinden sich unter anderem vor dem Hauptbahnhof ❶, am Eendrachtsplein, vor dem Hotel New York (s. S. 124) oder dem Doelen Theater. Außerdem kann man jederzeit auch eine Taxe auf der Straße anhalten – vorausgesetzt ihr erleuchtetes Taxischild signalisiert: Das Fahrzeug ist frei. Die allgemeine Rufnummer der Rotterdamer Taxi Centrale (RTC) lautet Tel: 010 4626060. Über die Website (s. u.) kann man Taxen auch online buchen, deren voraussichtliche Ankunftszeit dann per SMS mitgeteilt wird. Auch per SMS ist seit Kurzem eine Taxibuchung möglich, wobei allerdings Zusatzkosten anfallen.

> **Taxen zu den Airports** in Rotterdam und Amsterdam bucht man unter Tel. 010 4626464 mindestens 24 Stunden vor Abflug zu Spezialtarifen.
> **Taxizentrale:** RTC, Keenstraat 46, Tel. 010 4626333, www.rtcnv.nl

WETTER UND REISEZEIT

Rotterdam ist zu jeder Jahreszeit eine Reise wert. Die **Nähe zum Meer** garantiert **milde Winter und angenehme Sommer**. So beträgt die jährliche Durchschnittstemperatur mehr als 10 °C. Auf alle Fälle gehört **Regenkleidung** und ein leichter Pullover ins Reisegepäck, weisen die Klimadaten doch statistisch das ganze Jahr über Niederschläge aus. Schnee und Frost sind selten. Umgekehrt gibt es auch im Hochsommer kaum große und lange Hitzeperioden. Hauptmerkmal des Wetters ist sein fast ständiger Wechsel.

> Aktuelle Wetterinformationen finden sich unter www.meteo.nl.

ANHANG

KLEINE SPRACHHILFE

Die folgenden Wörter und Redewendungen wurden dem Reisesprachführer „Niederländisch – Wort für Wort" (Kauderwelsch-Band 66) aus dem REISE KNOW-HOW Verlag entnommen und sollen dem Leser eine erste kurze Einführung in die niederländische Sprache bieten. (Das Flämische, das in Flandern gesprochen wird, ist ein Dialekt des Niederländischen.)

AUSSPRACHE

Die folgenden Buchstaben(kombinationen) werden anders als im Deutschen ausgesprochen. Die zweite Spalte gibt die Lautschrift wieder.

ch, g	ch	raues „ch" wie in „lachen"
g	sh	bei französ. Wörtern vor e, i, y wie zweites „g" in „Garage"
ng	ng	„ng" wie im Deutschen „bringen"
e	è	kurzes „e" wie in „bitte"
ei, ij	äj	wie „ey"
eu	öö	wie ein langes „ö"
oe	u	kurzes „u" wie in „Bus"
ou	au	wie „au" in „Maus"
s	ß	stimmloses „s" wie in „Bus"
sch	ßch	wie „ß" und dann „ch" in „Häuschen" (kein deutsches „sch")
sj	sch	deutsches „sch" wie in „Schule"
tj	tch	zwischen „tch" und „tj" wie in „Kärtchen"
u	üü	langes „ü" wie in „Mühe", oder:
	ö	kurzer Laut zwischen „i" und „ö"
ui	öi	etwa wie „öi" in „Feuilleton"
v	v	zwischen „f" und „w"
z	s	stimmhaftes „s" wie in „Rose"

Am Wortende gibt es folgende Besonderheiten:

-b	-p	wie „p"
-d	-t	wie „t"
-ig	-èch	„ech" mit weichem „ch" (kein „ä")
-isch	-ieß	„ieß" (mit langem „i")
-n		wird manchmal verschluckt
-lijk	-lèk	„lek", klingt fast wie „lök"
-tie	-zie	„zie" (mit langem „i")

HÄUFIG GEBRAUCHTE WÖRTER UND REDEWENDUNGEN

Zahlen

0	*nul*	nöll
1	*een*	een
2	*twee*	twee
3	*drie*	drie
4	*vier*	vier
5	*vijf*	väjf
6	*zes*	säß
7	*zeven*	seevèn
8	*acht*	acht
9	*negen*	neechèn
10	*tien*	tien
11	*elf*	älf
12	*twaalf*	twaalf
13	*dertien*	därrtien
14	*veertien*	veertien
15	*vijftien*	väjftien
16	*zestien*	säßtien
17	*zeventien*	seevèntien
18	*achtien*	achtien
19	*negentien*	neechèntien
20	*twintig*	twintich
21	*eenentwintig*	eenèntwintich
22	*tweeëntwintig*	tweeèntwintich
23	*drieëntwintig*	drieèntwintich
24	*vierentwintig*	vierèntwintich
25	*vijfentwintig*	väjfèntwintich
26	*zesentwintig*	säßèntwintich
27	*zevenentwintig*	seevèn èntwintich
28	*achtentwintig*	achtèntwintich

29	*negenentwintig*	neechènèn-	101	*honderdeen*	hondèrdeen
		twintich	102	*honderdtwee*	hondèrdtwee
30	*dertig*	därrtich			(usw.)
40	*veertig*	veertich	200	*tweehonderd*	tweehondèrd
50	*vijftig*	väjftich	300	*driehonderd*	driehondèrd
60	*zestig*	seßtich	1.000	*duizend*	döisènd
80	*tachtig*	tachtich	2.000	*tweeduizend*	tweedöisènd
90	*negentig*	neechèntich	10.000	*tienduizend*	tiendöisènd
100	*honderd*	hondèrd	1.000.000	*een miljoen*	een milljunn

Die wichtigsten Fragewörter

welke?	wällkè	welches?
wat voor een?	wat voor een	was für ein?
waar?	waar	wo?
waarvandaan?	waarvanndaan	woher?
waarnaartoe?	waarnaatu	wohin?
waarom?	waaromm	warum?
hoe?	hu	wie?
hoeveel?	huveel	wie viel?
wanneer?	wanneer	wann?
waarmee?	waarmee	womit?

Die wichtigsten Richtungsangaben

(naar) rechts/links	naar rächtß/linkß	(nach) rechts/links
rechtdoor	rächtdoor	geradeaus
terug	tèröch	zurück
tegenover	teechènoovèr	gegenüber
tussen	tößèn	zwischen
voor – achter	voor – achtèr	vor(ne) – hinten/-r
over – onder	oovèr – onndèr	über – unter
hier – daar	hier – daar	hier – dort
ver – dichtbij	värr – dichtbäj	weit – nah
buiten	böitèn	außerhalb
in het centrum	in hèt ßäntröm	im Zentrum
om de hoek	om dè huk	um die Ecke

Die wichtigsten Zeitangaben

(over)morgen	(oovèr)morchèn	(über)morgen
's morgens	ßmorchènß	morgens
's middags	ßmiddachß	mittags
's avonds	ßavèndß	abends
dagelijks	daachèlèkß	täglich
eerder – later	eerdèr – laatèr	früher – später
nou, nu – gauw	nau, nü – chauw	jetzt – bald

Die wichtigsten Fragen

Wat is dat? wat iß dat	Was ist das?
Kunt u me vertellen ...? könnt ü mè vèrtällèn	Können Sie mir sagen ...?
Is er ...? – Heeft u ...? iß èr – heeft ü	Gibt es ...? – Haben Sie ...?
Ik wou graag ... ik wau chraach	Ich hätte gerne ...
Ik zoek ... – Ik neem ... ik suk – ik neem	Ich suche ... – Ich nehme ...
Waar vind ik ...? waar vind ik	Wo finde ich ...?
Ik heb ... nodig. ik häp noodich	Ich brauche ...
Waar kan ik ... kopen? waar kann ik ... koopèn	Wo kann ich ... kaufen?
Kunt u me ... geven? könnt ü mè ... cheevèn	Können Sie mir ... geben?
Hoeveel kost dat? huveel koßt dat	Wie viel kostet das?
Waar is ...? waar iß	Wo ist ...?
Hoe kom ik naar ...? hu komm ik naar	Wie komme ich nach ...?
Hoeveel kost de rit naar ...? huveel koßt dè rit naar	Wie viel kostet die Fahrt nach ...?
Ik wil graag naar ... ik will chraach naar	Ich möchte nach ... (Taxi)
Hoe lang duurt ...? hu lang düürt	Wie lange dauert ...?

Nichts verstanden? – Weiterlernen!

Ich spreche kaum Niederländisch.	*Ik spreek bijna geen Nederlands.* ik ßpreek bäjna cheen needèrlandß
Wie bitte? (geduzt/gesiezt)	*Wat zeg je/zegt u?* wat säch jè/sächt ü
Ich habe dich/Sie nicht verstanden.	*Ik heb je/u niet verstaan.* ik häp jè/ü niet vèrßtaan
Sprichst du/sprechen Sie Englisch/ Deutsch?	*Spreek jij/spreekt u Engels/Duits?* ßpreekt ü/ßpreek jäj ängelß/döitß
Was heißt ... auf Niederländisch/ Deutsch?	*Wat is ... in het Nederlands/Duits?* wat iß ... in hèt needèrlandß/döitß
Kannst du/können Sie das wiederholen?	*Kun je/Kunt u dat nog een keer zeggen?* könn jè/könnt ü dat noch een keer sächèn

Könnten Sie etwas langsamer sprechen?	*Zou u iets langzamer kunnen spreken?* sau ü ietß langsaamèr können ßpreekè
Was bedeutet dieses Wort?	*Kunt u me vertellen wat dit woord betekent?* könnt ü mè vèrtällèn wat dit woord bèteekènt
Wie spricht man dieses Wort aus?	*Hoe spreekt u dit woord uit?* hu ßpreekt ü dit woord öit
Können Sie mir das bitte aufschreiben?	*Wilt u mij dat alstublieft opschrijven?* willt ü mäj dat aßtüblieft opßchräjvèn

Die wichtigsten Floskeln und Redewendungen

ja – nee jaa – nee	ja – nein
dank u – dank je wel dank ü – dank jè wäl	danke (gesiezt – geduzt)
alsjeblieft – alstublieft aßjèblieft – aßtüblieft	bitte (geduzt – gesiezt)
Graag gedaan. chraach chèdaan	Keine Ursache./ Gern geschehen.
Dankjewel, hetzelfde! dankjèwäl, hètsälfdè	Danke gleichfalls! (geduzt)
Goedemorgen!/Goededag! chujèmorchèn/chujèdach	Guten Morgen/Tag!
Goedenavond! chujènaavènd	Guten Abend!
Welterusten! wälltèrößtèn	Gute Nacht!
Welkom! wällkomm	Willkommen!
Hallo!/Hoi! – Doei! hallo/hoj – duj	Hallo! – Tschüss!
Tot ziens! tott sienß	Auf Wiedersehen!
Tot gauw. tot chauw	Bis bald.
Hoe gaat het (met jou/u)? hu chaat hèt (mät jau/ü)	Wie gehts (Dir/Ihnen)?
Dank u wel, goed! dank ü wäll, chut	Danke, gut! (gesiezt)
Eet smakelijk! – Proost! eet ßmaakèlèk - prooßt	Guten Appetit! – Prost!
Sorry! – Het spijt me. ßorrie – hèt ßpäjt mè	Entschuldigung! – Es tut mir Leid.
Is niet erg./Is Okee. iß niet ärch/iß okee	Macht nichts. (Antwort auf Entschuldigung)

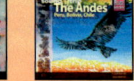

Mit REISE KNOW-HOW sicher ans Ziel

Die Landkarten des **world mapping project** bieten gute Orientierung – weltweit.

- Moderne Kartengrafik mit Höhenlinien, Höhenangaben und farbigen Höhenschichten
- GPS-Tauglichkeit durch eingezeichnete Längen- und Breitengrade und ab Maßstab 1:300.000 zusätzlich durch UTM-Markierungen
- Einheitlich klassifiziertes Straßennetz mit Entfernungsangaben
- Wichtige Sehenswürdigkeiten, herausragende Orientierungspunkte und Badestrände werden durch einprägsame Symbole dargestellt.
- Der ausführliche Ortsindex ermöglicht das schnelle Finden des Zieles.
- World Mapping Project Karten sind auf POLYART® gedruckt, superreiß- und wasserfest und beschreibbar wie Papier.

Derzeit sind ca. 150 Titel lieferbar (siehe www.reise-know-how.de), beispielsweise:

Frankreich, Süd	1 : 425.000
Azoren	1 : 70.000
Spanien, Nord	1 : 350.000
(Jakobsweg)	
Namibia	1 : 1.200.000
Kreta	1 : 140.000

world mapping project
REISE KNOW-HOW Verlag, Bielefeld

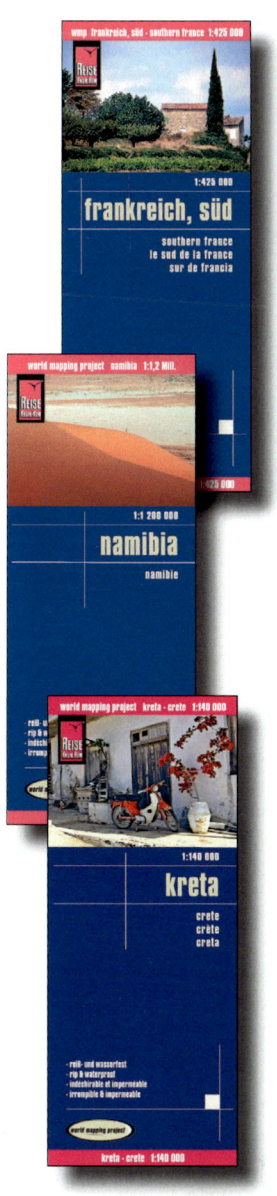

REGISTER

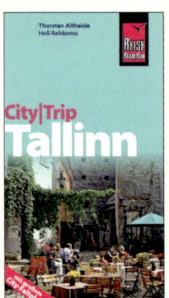

LEGENDE DER KARTENEINTRÄGE

❶ [L3] Zentralbahnhof
und Umgebung –
Centraal Station S. 61

❷ [K4] RailZ Miniworld S. 61

❸ [L4] Westersingel S. 63

❹ [L4] Schouwburgplein S. 64

❺ [M4] Lijnbaan S. 65

❻ [M4] Coolsingel S. 65

❼ [M4] Historisches Museum
(Het Schielandshuis) S. 67

❽ [N4] Sankt Laurentiuskirche
(Grote Kerk) S. 67

❾ [N4] Grotekerkplein und
Erasmus-Statue S. 68

❿ [N4] Binnenrotte:
Zentralbibliothek Rotterdam –
Blaak Station – Markt S. 70

⓫ [L5] Museumpark S. 71

⓬ [L5] Museum Boijmans
Van Beuningen S. 71

⓭ [L5] Niederländisches
Architektur-Institut (NAI) S. 73

⓮ [L6] Kunsthalle Rotterdam
(Kunsthal) S. 74

⓯ [M5] Witte de Withstraat S. 74

⓰ [M5] Hafenmuseum
(Havenmuseum) S. 76

⓱ [M5] Schifffahrtsmuseum
(Maritiem Museum) S. 77

⓲ [O4] Kubushäuser S. 78

⓳ [O4] Alter Hafen
(Oude Haven) S. 78

⓴ [O4] Het Witte Huis S. 79

㉑ [M7] Schifffahrtsquartier
(Scheepvaart-kwartier) S. 80

㉒ [K7] Euromast S. 81

㉓ [K7] Lloyd-Quartier
(Lloydkwartier) S. 82

㉔ [N6] Erasmusbrücke S. 83

㉕ [N7] Wilhelmina-Pier S. 84

㉖ [P6] Kop van Zuid S. 85

㉗ [P5] De Hef
(Konigshavenbrug) S. 86

㉘ [S9] Stadion Feyenoord S. 87

㉙ [G4] Van Nelle Fabriek S. 87

㉚ [I3] Zoo Rotterdam
(Diergaarde Blijdorp) S. 88

㉛ [I6] Delfshaven S. 89

㉜ [B5] Schiedam S. 91

Hier nicht aufgeführte Nummern
liegen außerhalb der abgebildeten
Karten. Sie können aber wie alle im
Buch beschriebenen Örtlichkeiten
leicht in unseren speziell aufbereiteten
Internet-Karten lokalisiert werden
(siehe hintere Umschlagklappe).

ZEICHENERKLÄRUNG

❷	Bar, Treffpunkt
⇌	Bahnhof
🅱 🅱	Bibliothek
◎	Biergarten, Pub, Kneipe
◎	Café, Eiscafé
🎨	Galerie
⚠	Camping
🛒	Geschäft, Kaufhaus, Markt
🏨	Hotel, Unterkunft
❶	Imbiss, Bistro
❶	Informationsstelle
@	Internetcafé
🛏	Jugendherberge, Hostel
♙ ⛪	Kirche
➕ ✚	Krankenhaus, Arzt
Ⓜ	Metro
ℂ	Moschee
🏛	Museum
☉	Musikszene, Disco
🏨	Pension, Bed & Breakfast
🛡	Polizei
✉	Post
◎	Pub, Biergarten
🍴	Restaurant
🆂	Sport, Wellness
✡	Synagoge
❂ 🎪	Theater, Zirkus
—○—	Tram, Straßenbahn
❷	vegetarisches Restaurant

ROTTERDAM, ÜBERSICHT

OVERSCHIE

KETHEL

Zwaluwlaan

s'-Gravelandseweg

SPAANSE

Matlingeweg

Hogenbanweg

TUIN-DORP

Prinses Beatrixpark

BEDRIJVENTERREIN 's-GRAVELAND

De Brauweg

Schiedamse

Vlaardingweg

Peiserthaven

Delfshavense

Lingehaven

Gantellhaven

Bornissehaven

S 149

20 E25

11 SCHIEDAM

Matlingeweg

POLDER

E25

BIJDORP

van Haarenlaan

12 SPAANSE POLDER

N. S. Station Schiedam-Nieuwland

Burgemeester

PARKWEG

Nieuwe Damlaan

NIEUWLAND

N. S. Station Schiedam Centrum

Horvathweg

SCHIEDAM CENTRUM

Horvathweg

M 117

s-Gravelandseweg

M 118

32

Haarenlaan van

Broersvest

OOST

Tjalklaan

OUD MATHENESSE

TROELSTRALAAN

M

dijk Nieuwe

CENTRUM

M 119

Rotterdamsedijk

• 116

Schiedamseweg

Burgemeester van

Vlaardinger-

WEST

Haven

Lange Nieuw Str

Hoofdstr.

MATHENESSE

NIEUW MATHENES

Burgemeester Knappert- laan

Juliana-park

Schoolstr.

Merwehaven

Westfrankelandsedijk

Volkspark

Westfrankelandsedijk

Westfranke

ZUID

Nieuwe

Wilhelminahaven

Waterwegsstr.

Havendijk

27

Nieuwe Maas

HEIJPLAAT

Madroelhaven

Werkhaven

Hejsehaven

4

Pastoriedijk

Ring

Eemhaven

1e Eemhaven

PERNIS

Benelúxweg

Ring

Ring

Oud Pernisseweg

Pastorie

Js

Prins Johan Frisohaven

M PERNIS

Pernisserpark